DAYANA SOUZA

VAMOS FUGIR

Literare Books
INTERNATIONAL
BRASIL · EUROPA · USA · JAPÃO

Copyright© 2022 by Literare Books International
Todos os direitos desta edição são reservados à Literare Books International.

Presidente:
Mauricio Sita

Vice-presidente:
Alessandra Ksenhuck

Diretora executiva:
Julyana Rosa

Diretora de projetos:
Gleide Santos

Capa, diagramação e projeto gráfico:
Gabriel Uchima

Foto da capa:
Pexels - Josh Sorenson

Revisão:
Leo A. Andrade

Relacionamento com o cliente:
Claudia Pires

Impressão:
Gráfica Paym

Dados Internacionais de Catalogação na Publicação (CIP)
(eDOC BRASIL, Belo Horizonte/MG)

S729v   Souza, Dayana.
   Vamos fugir: seguindo viagem em busca de uma vida com mais significado / Dayana Souza. – São Paulo, SP: Literare Books International, 2022.
   14 x 21 cm

   ISBN 978-65-5922-316-9

   1. Literatura de não-ficção. 2. Mulheres viajantes. 3. Viagens. I.Título.
   CDD 910.4

Elaborado por Maurício Amormino Júnior – CRB6/2422

Literare Books International.
Rua Antônio Augusto Covello, 472 – Vila Mariana – São Paulo, SP.
CEP 01550-060
Fone: +55 (0**11) 2659-0968
site: www.literarebooks.com.br
e-mail: literare@literarebooks.com.br

> "Há um modo de fugir
> que se assemelha a procurar."
> **Victor Hugo**

Fugir:
Pôr-se em fuga; afastar-se rapidamente para evitar perigo, incômodo ou alguém.

Vontade de fugir
Da mesmice que leva, do trabalho que não ama, da rotina que sufoca.
Dos problemas da vida, das tarefas sem sentido, daquilo que incomoda.
Fugir para a vida, que a liberdade convoca e não pode mais esperar.
Entendeu que a fuga na verdade era um desejo de se encontrar.

Vamos Fugir – Skank

"Vamos fugir deste lugar, baby!
Vamos fugir
Tô cansado de esperar
Que você me carregue
Vamos fugir
Pra outro lugar, baby!
Vamos fugir
Pra onde quer que você vá
Que você me carregue"

APRESENTAÇÃO

"Há um tempo em que é preciso abandonar as roupas usadas, que já têm a forma do nosso corpo, e esquecer os nossos caminhos, que nos levam sempre aos mesmos lugares. É o tempo da travessia, e, se não ousarmos fazê-la, teremos ficado, para sempre, à margem de nós mesmos."
FERNANDO TEIXEIRA DE ANDRADE

Viajar para mim é mais do que algo que se faz nas férias e feriados. É um refúgio, uma experiência na qual eu posso me despir da minha armadura e ser quem sou.

Viajar é encontrar com meu Eu mais profundo, passar pelas minhas sombras e chegar à minha luz, no centro do meu Ser.

É uma pausa que dedico a mim mesma de tempos em tempos, para refletir, para me reconectar com a natureza, para aprender, para fazer novos planos.

O mundo é uma escola e, vivendo sua diversidade, aprendemos a ser mais humanos, percebemos que somos pequenos diante do todo e que a vida é um constante aprendizado.

Neste livro, divido com você, leitor, alguns desses aprendizados que as viagens me proporcionaram.

Espero que minhas histórias e lições sirvam de inspiração e ajuda para quem estiver passando por algo semelhante.

Boa leitura!

INTRODUÇÃO

Minha paixão por viagens começou cedo, já que desde pequena viajava muito com meus pais. Minha mãe, guia de turismo, e meu pai, motorista do ônibus, organizavam excursões pelo Brasil. Assim, eu e meus dois irmãos tivemos o privilégio de viajar em família a muitos destinos no Brasil.

As melhores recordações da minha infância são em alguns desses destinos e serei eternamente grata aos meus pais por terem me ensinado o amor pelas viagens.

A vontade de viajar só aumentou ao longo dos anos e o Brasil começou a ficar pequeno para mim. Com a ajuda da Internet, passei a organizar minhas próprias viagens, pesquisar destinos, montar roteiros, comprar passagens e reservar hotéis. Conhecer o mundo era realmente o que me fascinava e me deixava feliz. A sensação de descoberta, de partir rumo ao desconhecido, de ver cenários novos, conhecer culturas diferentes, de fazer novas amizades, tudo isso me motivava a querer viajar cada vez mais.

Em 2012, criei um *blog* de viagens, o *Seguindo Viagem*, no qual comecei a compartilhar as minhas aventuras pelo mundo.

Entre dicas de destinos, passeios e hospedagens surgiram reflexões sobre a vida, as quais considero meus maiores aprendizados.

Hoje, percebo que viajar é um processo de descoberta de quem eu sou. A cada viagem que faço, eu aproveito para me conhecer mais e melhor, porque viajar é também fazer uma jornada de autoconhecimento ao nosso interior. Como diria Daniel Bolívar, "às vezes a gente precisa sair um pouco da gente, dar uma volta no continente, para enxergar de longe o que está acontecendo na ilha que somos".

Para mim, viajar é sair de si mesmo e se colocar como um observador, olhando de longe o que acontece dentro de nós.

É um período de reflexão, no qual eu reavalio minha vida, meus objetivos, agradeço por tudo que conquistei e penso no que eu quero daqui para a frente.

A viagem nos transforma em muitos aspectos e, de fato, a pessoa que volta de uma viagem não é a mesma que partiu. Nós nunca voltamos a mesma pessoa. A cada viagem ocorre uma mudança, um aprendizado. Novos conhecimentos, novos pontos de vista, novas descobertas, nova visão de mundo. E é justamente isso que a viagem tem de mais valioso.

A viagem nos faz mais humanos. A gente aprende a dar valor às coisas simples da vida, à natureza e ao outro. Viajar traz um enorme crescimento pessoal, nos enriquece e nos proporciona experiências transformadoras.

Nada substitui esse aprendizado. É a verdadeira escola da vida, em que você pode ver com seus próprios olhos, tirar suas próprias conclusões e entender coisas que nenhum livro será capaz de explicar.

Viajar é viver.

Acesse o QR Code e baixe materiais exclusivos para complementar a sua leitura:

SUMÁRIO

1 - O QUE NÃO FOR LEVE, QUE A VIDA LEVE..........9

2 - ATIVE O MODO VIAGEM 27

3 - FUI FELIZ SEM PRECISAR VOLTAR......................39

4 - NO MEIO DO CAMINHO
TINHA UM PERRENGUE.............................57

5 - TROQUE A ROUPA DA ALMA 93

6 - É A JORNADA QUE ENSINA
SOBRE O DESTINO....................................149

7 - A ÚNICA SAÍDA É PRA DENTRO 179

1
O QUE NÃO FOR LEVE, QUE A VIDA LEVE

A VIDA É A MAIOR VIAGEM

Ser feliz é saber viajar pelo território do próprio ser
Trilhar as montanhas do autoconhecimento
Sair do albergue do vitimismo
Assumir a responsabilidade pelo seu destino
Deixar de ser turista para ser peregrino
Sair da poltrona do passageiro e assumir o comando da sua história
Sentar na primeira classe do amor-próprio
Tirar férias das reclamações
Entrar na fila do autocuidado
Levar a criança interior para brincar
Alimentar a alma
Fazer *check-out* da mesmice
Despedir-se de todo lixo emocional
Não carregar excesso de bagagem de passado nem de futuro
Mas viajar leve no aqui e agora
Fazer um *tour* pelo território da emoção
Gastar tempo com o que enche seu coração de alegria
Sair da rotina dos velhos padrões
Ouvir nossa voz interior
Explorar as ruas dos pensamentos
Verificar nossas sombras
Ressignificar traumas
Investigar medos
Liderar nosso próprio ser
Contratar um seguro contra pensamentos negativos
Fazer um mapeamento dos nossos dons e talentos
Contemplar a beleza das nossas conquistas
Honrar nossa história
Registrar memórias de gratidão

Cuidar do nosso jardim de pensamentos
Observar o silêncio
Desembarcar as mágoas e crenças negativas do caminho
Cultivar a alegria
Retornar sempre ao que nos faz feliz
Reconhecer nossos valores
Descobrir nosso essencial
Mergulhar nas profundezas do ser
Poupar críticas e gastar elogios
Traçar o mapa dos sonhos
Fazer *check-in* no seu Eu
Hospedar-se na coragem
Encher a mala com humildade, empatia e paciência
Dividir quarto com a própria companhia
Seguir a bússola do seu coração
Sonhar alto, mas ter os pés no chão
Resgatar sua identidade
Reconhecer seu potencial
Desviar-se dos julgamentos
Explorar os labirintos do inconsciente
Superar as perdas
Suportar os perrengues
Não embarcar nas paranoias
Pedir reembolso da autoestima
Perceber-se tão pequeno diante da natureza
Desviar da estrada da resistência e pegar o caminho da aceitação
Amar a realidade
Comprar um bilhete só de ida para o perdão
Embarcar na aeronave do amor-próprio
Entrar na sala VIP da vida
Confiar no GPS de Deus mesmo que só veja os primeiros metros
Quando o mundo estiver um caos, encontrar um oásis de paz dentro de si mesmo
Quando errar o caminho, recalcular a rota
Quando se sentir cansado, descansar, mas nunca desistir

PRECISAMOS VIAJAR.
NÃO PARA FORA,
MAS PARA DENTRO DE NÓS.
TALVEZ ESSA SEJA
A VIAGEM MAIS IMPORTANTE
DE NOSSAS VIDAS.

O MAIOR SEGREDO DE VIAJAR

> "Viajar é mais do que a visão de pontos turísticos. É uma mudança que acontece, profunda e permanentemente, no conceito sobre o que é a vida."
>
> **MIRIAM BEARD**

Viajar é um ótimo exercício para se reinventar e se descobrir de um jeito que você não se conhecia antes.

Viajar é a possibilidade de experimentar diferentes nacionalidades. Se vou para o Japão, sou japonesa; se viajo para Tailândia, sou tailandesa; se vou para o Chile, sou chilena. Reinvento-me e me transformo em outra versão em cada pedacinho deste planeta Terra.

O lugar em que moramos nos molda em um formato e nos rotula de acordo com aquele estereótipo, o que nos faz cair na mesma rotina, repetindo as mesmas coisas.

A mágica da viagem é permitir que a gente se reinvente naquele lugar novo sem o peso do que os outros pensam ou esperam de nós, e desse modo, nos tornamos mais livres para ser quem somos.

Nesse novo destino, saímos da nossa mente e ficamos mais presentes no local.

No ambiente conhecido, a mente se distrai (exatamente por ser conhecido, ela não presta atenção) e, assim, começamos a vagar dentro dos nossos pensamentos.

Quando vamos para um lugar novo, nossa consciência fica presente e é por isso que ficamos muito mais atentos a tudo o que acontece a nossa volta, observando o exterior com mais detalhe. O mundo ganha cor, som e vida.

Parece que tudo salta aos olhos, até pombos voando em uma praça comum. A gente percebe a energia do lugar, o cheiro, os sons.

VAMOS FUGIR

Todos os prédios tornam-se interessantes, reparamos nas flores, nos pássaros, no monumento da esquina, nas pessoas andando na rua, no jeito que elas se vestem e se comportam.

Porque a nossa mente fica mais atenta. Ela presta mais atenção a tudo que é novo, a tudo que é diferente, e nossa consciência se desloca para a presença.

É por esse motivo que as viagens nos marcam tanto. Porque estamos vivendo na presença plena. Esse é o maior segredo que torna as viagens algo tão especial: viver totalmente presente, no aqui e agora.

E, se esse é o segredo, isso significa que podemos viver nossos dias como eternos viajantes.

Podemos fazer isso dentro da nossa própria cidade. Ao visitar um bairro diferente, um parque, uma praça, um museu, um restaurante novo, basta estarmos com o espírito aventureiro de quem está viajando pelo mundo.

Podemos, sim, nos reinventar diariamente, podemos ser uma pessoa diferente em qualquer lugar, tirar dos nossos ombros o peso do que as pessoas pensam e esperam de nós e nos tornarmos livres para sermos quem nascemos para ser.

Escolha estar totalmente presente todos os dias, porque cada dia é diferente e cada instante é único.

Somos esses instantes.

Viajar é um estado interno de SER.

Somos todos viajantes, seres espirituais vivendo uma experiência na Terra.

Aproveite sua jornada.

QUAL É O SEU ESSENCIAL?

> "A verdadeira riqueza não consiste em ter grandes posses, mas em ter poucas necessidades."
> **EPITETO**

Certa vez, fiz uma trilha muito desafiadora, a travessia Laranjeiras - Ponta Negra, em Trindade, no Rio de Janeiro. Fui sozinha, sem reservar hotel, sem nada, apenas com uma mochila pequena nas costas e uma muda de roupas. Depois de uma longa caminhada passando por praias praticamente desertas e paisagens deslumbrantes, cheguei a Ponta Negra, uma comunidade de pescadores na beira da praia.

No caminho, conheci um senhor muito simpático, o Paulo, mais conhecido como Lopau (inversão das sílabas de seu nome), um morador da vila, que me convidou para fazer *couchsurfing*, um tipo de hospedagem gratuita com a intenção de que você conheça o local com base na experiência do seu anfitrião. Eu já tinha lido a respeito, mas nunca tinha feito *couchsurfing*.

No primeiro momento, achei estranho e disse que pensaria naquilo. Continuei a trilha até o destino final e, chegando lá, comecei a procurar um lugar para ficar. Conversando com algumas pessoas, contei sobre o Lopau e todo mundo falou muito bem dele.

Logo em seguida, Lopau apareceu e eu aceitei o convite. Para minha sorte, ele foi o grande amigo que fiz nessa viagem, um senhor humilde, trabalhador e cheio de vida.

Chegando à casa dele, fiquei encantada com o capricho e organização. A casa foi construída por ele e era muito bonitinha e confortável. Dormi tão bem naquela noite, muito melhor que em muitos hotéis por aí. A casinha era pequena, como aquelas Tiny Houses minimalistas que vemos nos documentários. Simples, organizada e funcional. Não tinha nada ali dentro que não tivesse um propósito, que não servisse a alguma coisa. E tudo construído com muito capricho também. Eu dormi em uma cama construída quase no teto.

Na casa dele não tinha luz elétrica, mas tinha a luz das estrelas. Não tinha supermercado próximo, mas ele colhia seu almoço no seu próprio quintal. Não tinha padaria nos arredores, mas lá eu comi o pão de frigideira mais gostoso da minha vida. Não tinha ar-condicionado, só o frescor do vento. Não tinha televisão, nem rádio, mas nós assistíamos ao espetáculo da natureza, ouvíamos o barulhinho da chuva do lado de fora e sentíamos o cheirinho de natureza fresca.

É, Lopau, quanta coisa aprendi com o senhor! A gente não precisa de muito para ser feliz. Na realidade, nossas necessidades são bem menores: água, comida e abrigo. O restante são apenas desejos que foram implantados em nós pela sociedade.

Nossa cultura tem nos causado uma cegueira com relação ao que é o nosso essencial.

A mídia, os filmes e as propagandas nos fazem acreditar que precisamos de cada vez mais coisas para ser felizes e nos mostram uma ilusão de como nossas vidas deveriam ser.

Tentar viver dessa forma gera muita frustração, porque o excesso de coisas no seu guarda-roupa só ofusca o que importa de verdade na sua vida.

Nós trazemos tantas coisas à nossa vida sem nos questionarmos sobre qual o propósito delas ou se elas adicionam valor à nossa vida, que ficamos imersos em pilhas de produtos sem sentido e não conseguimos mais saber o que é verdadeiramente essencial.

Tem uma frase de Lin Yutang que diz que a sabedoria da vida consiste em eliminar o que não é essencial. E viajar o ajuda a identificar o que não é nem um pouco essencial.

Viajar faz você perceber que precisa de tão pouco.

Que você pode viver mais livre e com bem menos do que querem fazer você acreditar que precisa.

Faça como o Lopau, adote um consumo consciente e desapegue-se do que está em excesso.

Encontre o seu essencial e viva em torno dele.

Para saber mais sobre o tema, assista:

 *O que aprendi com o Minimalismo.*

COMPRE EXPERIÊNCIAS E NÃO COISAS

Você já entrou no círculo vicioso da compra? Você comprou alguma coisa que trouxe uma felicidade momentânea, mas bastou um tempinho e logo essa coisa perdeu o encanto e você precisou comprar aquela próxima coisa da sua interminável lista de desejos?

Pois é, isso acontece porque os bens materiais trazem uma felicidade momentânea e passageira.

Se a sua intenção é ser mais feliz, então compre experiências e não coisas.

As experiências nos trazem uma felicidade mais duradoura, já que ficam registradas em nossa memória, prolongando a sensação que vivemos com elas.

Investir em experiências nos faz levar uma vida mais feliz, mais plena de sentido e significado, já que elas se eternizam e fazem parte de nós.

O bom da experiência é que ela já traz felicidade no momento em que você começa a pensar nela, criando expectativas positivas. Depois, a felicidade se concretiza ao se realizar a experiência. E se prolonga quando a recordamos e compartilhamos com outras pessoas.

Nos meus aniversários, eu sempre me presenteio com uma experiência nova. E quer algo melhor do que uma viagem para trazer experiências à vida de uma pessoa? Por isso, minha forma preferida de comemorar é viajando, e na viagem procuro fazer algo especial e novo, que nunca tenha feito antes.

Viajar tira você do lugar-comum e aguça seus sentidos, proporcionando sensações novas a todo momento. Já parou para pensar como você se lembra com detalhes de algo que viveu quando estava viajando? Isso porque seu corpo está atento e mais receptivo, tudo é novidade e ficará marcado nas suas lembranças. Sem contar o crescimento pessoal que é conhecer outras culturas, outros valores, que nos fazem ver o quanto somos pequenos nesse mundo.

Viajar não deixa de ser uma coisa que você compra, mas o que uma viagem traz para você é tão enriquecedor que a gente costuma chamar viagem de investimento.

A felicidade começa quando você compra a passagem aérea, quer alegria maior do que a frase: "Passagens compradas"? Depois, ela continua durante o planejamento da viagem, o estudo do roteiro, as fotos dos lugares, a pesquisa dos passeios; a expectativa é grande!

Quanto mais a viagem se aproxima, mais feliz nos sentimos, pois cada viagem é um sonho que se realiza, sonho de conhecer aquele lugar que você viu nos filmes e sempre imaginou como seria estar ali.

Logo depois chega o grande dia, o dia do embarque para o desconhecido. Então você vivencia tudo aquilo que viu, que leu, que anotou e reconhece com seus próprios olhos algo que nenhum livro é capaz de contar com exatidão.

Por fim, a viagem termina, mas você traz um grande excesso de bagagem de aprendizado, conhecimento, histórias e inspiração, que você está louco para compartilhar com todos os seus conhecidos.

Quando comecei o *blog Seguindo Viagem*, consegui prolongar ainda mais essa felicidade.

Afinal, depois da viagem, eu passava um tempo revendo e selecionando cuidadosamente as fotos e relatando com riqueza de detalhes tudo o que eu tinha experimentado na viagem.

E todas aquelas emoções ficavam registradas bem ali, para que eu pudesse recordá-las a qualquer momento.

Além disso, compartilhar com os outros um pouco do que eu vivi e ainda ajudá-los no planejamento das suas viagens me trouxe uma enorme satisfação pessoal.

Quer ser mais feliz? Então compre experiências e não coisas.

VIAJE LEVE

> "A vida só é um peso para quem não tem a alma leve."
> **EDNA FRIGATO**

Na primeira vez que fiz uma viagem longa, eu levei uma mala gigante e muito pesada. Passei tanto perrengue para me deslocar com ela pela cidade, arrastando aquele peso na rua e subindo escadas para pegar o metrô, que fiquei traumatizada. Prometi a mim mesma que dali em diante eu nunca mais viajaria com muita coisa.

Agora, quando eu faço a minha mala (que na maioria das vezes é só uma mochila mesmo), eu separo apenas o essencial, coloco em cima da cama e ainda vejo o que eu posso deixar para trás.

Minhas viagens ficaram muito mais tranquilas sem aquele peso desnecessário e eu ganhei mais leveza e mobilidade nos deslocamentos.

Percebi que não precisava de muita coisa. Aprendi que eu poderia otimizar a mala para ter apenas o que realmente utilizarei naquela viagem.

Tem muita gente querendo levar o guarda-roupa inteiro na bagagem da vida.

Quando escolhemos levar na mala todo o peso do passado e do futuro, a vida se torna pesada demais.

Quando você deixa o passado se transformar em ressentimento e o futuro em angústia, você está viajando com excesso de bagagem.

Refaça as malas, deixe para trás esse peso inútil e viaje leve pela vida.

Abra espaço para as oportunidades do caminho e aproveite a jornada.

Eu desejo que você viaje com o peso de uma pluma, como escreveu o poeta Allan Dias Castro em seu poema *Oração*:

Peso de pluma, de algodão,
Leve por não levar,
Deixe o passado onde está,
Não leve mais pesar.

Perdi o medo do perdão,
Sem culpa nem culpar.
Fiz do agora
O meu lugar,
Minha oração.

Sinto muito. Me perdoe. Eu te amo. Sou grato.

SAIBA ONDE INVESTIR SEU DINHEIRO

Viajar já é uma experiência, mas inserir novas experiências dentro da viagem torna-a ainda mais especial. É a experiência dentro da experiência. Isso aconteceu comigo em uma viagem a Myanmar.

Sempre tive o sonho de voar de balão, e meu primeiro voo de balão não poderia ter sido em um lugar melhor, na apaixonante Bagan, em Myanmar! Foi uma experiência incrível sobrevoar aqueles templos milenares, tudo isso ao nascer do sol e com dezenas de balões colorindo o céu.

É tão mágico voar de balão, é uma sensação deliciosa deslizar no silêncio do céu com aquela vista estonteante, sentindo-se pequeno e tão aprendiz. Uma lembrança que guardarei para a vida.

Não foi um passeio barato, mas decidi me presentear no dia do meu aniversário.

Quantas vezes compramos coisas caras e não temos coragem de investir o mesmo valor em experiências?!

Sem contar que coisas geram felicidade passageira e experiências trazem felicidade duradoura. O que você viveu continua gerando benefícios com o passar do tempo e deveríamos investir mais nesse tipo de felicidade.

Da próxima vez que pensar se uma experiência é cara ou não, tente lembrar quanto tempo durou a alegria de ter comprado aquela bolsa de marca ou o celular de última geração.

Quando você entender que experiências são mais importantes que bens materiais, você saberá onde investir o seu dinheiro.

DEIXA IR PRA VIR

Certa vez eu li que, a cada sete anos, todas as células do nosso corpo são substituídas por novas células e nos tornamos uma pessoa totalmente nova.

Isso me fez lembrar que há sete anos eu viajava por um motivo que até então eu não sabia bem qual era, mas depois de mergulhar profundamente no autoconhecimento eu descobri o que a Dayana de sete anos atrás estava buscando.

Em 2012, eu deixei para trás uma carreira bem-sucedida na Força Aérea Brasileira. Eu era uma das primeiras mulheres aviadoras do Brasil, mas apesar de toda sociedade acreditar que era o cargo dos sonhos, eu não estava feliz.

A pessoa que eu estava me tornando não cabia mais naqueles moldes antigos. Compreender isso me deu coragem para buscar novos caminhos.

Mas, para isso acontecer, foi preciso trocar anos de estudo, dedicação, status e futuro garantido pelo desconhecido novo mundo.

E eu arrisquei. Deixei ir quase dez anos de serviço militar que não me serviam mais. Porque, para o novo nascer, é preciso deixar o velho ir.

O que você também precisa deixar ir na sua vida?

Quando você deixa o velho ir, você abre espaço para viver o novo de Deus na sua vida.

Para se aprofundar nesse tema, assista:

 *Deixa ir pra vir.*

ELIMINE O RUÍDO

> "Afaste-se do ruído do mundo e do clamor de suas próprias preocupações. No silêncio você pode ouvir o sussurro do infinito."
>
> **LISA ENGELHARDT**

Uma das coisas que eu mais amo fazer quando viajo é observar a natureza. Algo tão simples, mas que com a correria do dia a dia esquecemos de fazer.

Certa vez fiz um safári na África, e no acampamento fizemos uma roda ao redor da fogueira do lado de fora. Quando eu olhei para cima, simplesmente vi o céu mais estrelado de toda a minha vida.

Uma das integrantes do nosso grupo, que estudava astronomia, deu uma miniaula sobre as constelações e foi muito legal aprender um pouco mais sobre o universo.

Olhando para o céu naquela noite, eu pude perceber como é mágico quando podemos vê-lo em todo seu potencial.

O ruído das luzes da cidade nos impede de ver o céu como ele realmente é: muito mais vivo, vibrante, intenso.

O que aprendi observando a natureza nessa noite foi que, quando eliminamos o ruído ao nosso redor, somos capazes de enxergar as coisas como elas realmente são. Sem filtros que distorcem a realidade.

Você pode estar pintando o seu céu mais escuro do que ele é de verdade com o tipo de informação que você consome diariamente.

Se isso estiver acontecendo com você, faça o seguinte: elimine o ruído ao seu redor, só assim você será capaz de enxergar as estrelas.

PRECISAMOS PENSAR NA MORTE

Nossa cultura não conversa sobre a morte. Esquecemos que essa é a única certeza que nós temos. Mas preferimos ignorá-la e fingir que ela não existe.

No Butão é diferente. Os butaneses pensam cerca de cinco vezes por dia na morte. E sabe qual é o impacto disso?

Ao refletirem sobre a morte com tanta frequência, os butaneses enxergam algo que o resto de nós não percebe. Eles sabem que a morte é parte da vida, querendo ou não, e ignorar essa verdade essencial tem um custo psicológico pesado.

Pensar na morte faz você perceber que a vida é passageira. Faz você aproveitar o momento presente e enxergar coisas que normalmente não veria.

Esse contato mais próximo com a morte faz a gente repensar nossas prioridades e nossos valores. Repensar como a gente trata as pessoas, que coisas a gente permite consumir nossa atenção.

E, principalmente, faz a gente querer se sentir vivo.

Quando temos medo da morte, na verdade temos medo de não ter vivido a vida que gostaríamos, de não termos feito tudo que queríamos fazer, de não termos realizado nossos sonhos, de não termos seguido nosso propósito, de não termos passado um tempo com as pessoas importantes para nós, pois estávamos ocupados demais com outras coisas.

Pensar na morte é ter uma segunda chance. É perceber os erros e corrigi-los enquanto ainda há tempo.

Pense na morte com frequência e você não precisará enterrar arrependimentos depois.

2
ATIVE O MODO VIAGEM

QUE PRESENTES A VIDA TEM LHE DADO?

> "Nas nossas vidas diárias, devemos ver que não é a felicidade que nos faz agradecidos, mas a gratidão é que nos faz felizes."
>
> ALBERT CLARKE

Em Israel, eu estava na fila do restaurante com uma amiga que mora em Tel Aviv quando um senhor se aproximou de nós após perceber que falávamos português e puxou conversa. Ele disse que tinha comprado muita comida e não estava conseguindo comer e perguntou se nós aceitávamos a comida que tinha sobrado. "Claro que sim!" – respondemos prontamente. E assim, almoçamos uma porção de camarão, outra de peixe frito e outra de batatas fritas.

Em outra ocasião, eu estava em Aqaba, na Jordânia, entrei em uma lanchonete e estava tentando comprar um *shawarma* (um sanduíche típico de lá). Na hora de pagar, vi que estava sem dinheiro na moeda local e eles não aceitavam cartão de crédito. Mostrei algumas moedas que eu tinha comigo pensando que eram da Jordânia, mas eram de Israel. O atendente sorriu, falou com outro colega e prontamente preparou o sanduíche e simplesmente me deu sem me cobrar nada.

Em Cairo, o *staff* do hotel me convidou para jantar na noite em que eu cheguei e tive uma das melhores refeições da viagem.

Eu me senti muito abençoada por todos esses acontecimentos, por mais simples que possam parecer.

Nem sempre a prosperidade vem em forma de dinheiro. Algumas vezes ela surge em forma de valores, que muitas vezes superam seu preço.

Receber um presente de um desconhecido que não quer nada em troca faz a gente se sentir cuidada, especial e é um indício de que alguém se importa conosco.

Reconhecer os presentes que a vida nos dá e sermos gratos por eles nos conecta ainda mais com a abundância do mundo.

QUE PRESENTES
A VIDA TEM LHE DADO
E VOCÊ AINDA
NÃO RECONHECEU?

A BELEZA ESTÁ NOS OLHOS DE QUEM VÊ

> "Carregamos dentro de nós as coisas extraordinárias que procuramos à nossa volta."
> **SIR THOMAS BROWNE**

Quando viajamos, procuramos olhar para aquilo que é belo e não para o feio. Nós escolhemos visitar o que o lugar tem de melhor a nos oferecer. Não ficamos procurando o sujo, o feio, o errado. E isso não é fechar os olhos para os problemas, mas sim uma questão de escolha.

Na vida também podemos escolher onde queremos colocar nossa atenção. E o mais interessante é que tudo aquilo que escolhemos focar aparece mais para nós. Como quando você pensa em comprar certo modelo de carro e começa a vê-lo em toda parte, sabe? Nosso cérebro entende que aquilo a que damos atenção é importante para nós e nos mostra mais disso.

Por isso, escolha melhor aquilo que você quer que a vida lhe mostre mais. Escolha ver a beleza, escolha ver o que está dando certo, concentre sua atenção nas coisas boas, naquilo que você deseja para sua vida. Que você não olhe para aquilo que lhe falta, mas sim para as bênçãos que já possui.

No final das contas, nada mudou do lado de fora, mas do lado de dentro está tudo diferente.

Para se aprofundar nesse tema, assista:

 *Como sair do ciclo da reclamação.*

TODO DIA É DIA DE VIAGEM

> "Cada momento é único.
> Valorize a preciosidade de cada instante.
> É o tempo passando. É a vida a ser vivida."
>
> **JOSELI BARROS**

Na véspera de uma viagem, você mal consegue dormir de tanta ansiedade. E mesmo que o voo seja de madrugada, você acorda cedo, com a maior energia.

Por que acordamos motivados para uma viagem e desanimados para viver um dia comum?

Durante muito tempo, eu vivi essa euforia pré-viagem, pré-final de semana, a alegria do "sextou" e o desânimo da segunda-feira.

O grande problema de se viver sonhando com a próxima sexta-feira, com o próximo feriado e com a próxima viagem é que isso significa desejar que a vida passe mais rápido.

A verdade é que nossos pensamentos criam o modo como nos sentimos.

Quando você sabe que tem uma viagem, você tem os melhores pensamentos possíveis, você fica empolgado, alegre, feliz.

Mas você não precisa esperar uma viagem para se sentir assim novamente.

E se toda noite você se deitasse pensando que no dia seguinte tem viagem?

E se acordasse com a mesma empolgação de quando sabe que é hora de partir para a próxima aventura?

E o que é a vida senão uma grande aventura?

Por que você deixou de acreditar nisso?

De valorizar cada dia da sua existência?

De viver cada dia como se fosse cada dia, nem o último, nem o primeiro, mas simplesmente o único.

A vida não tem *replay*.

Algumas pessoas só percebem isso quando já é tarde demais.

Não existem dias comuns.

Cada dia é um presente.

Você está VIVO, então HOJE é um dia ESPECIAL.

E como trazer essa alegria de viver para todos os seus dias?

Cultivando bons pensamentos.

Agradecendo a Deus a cada manhã pelo milagre da vida.

Encontrando propósito no que você faz hoje.

Praticando o autocuidado.

Fazendo mais aquilo que gosta.

Rindo de si mesmo.

Escolhendo sorrir.

E fazendo isso todos os dias.

Só assim todos os dias serão dias de viagem.

ENCURRALADA EM UMA TUMBA EGÍPCIA

> "Em tudo dai graças, porque esta é a vontade de
> Deus em Cristo Jesus para convosco."
> **1 TESSALONICENSES 5:18**

Na cidade de Saqqara, no Egito, eu visitei uma tumba gigante que parecia um labirinto. Depois de andar bastante lá dentro, eu me peguei sozinha e apareceu um guarda perguntando onde estava o meu *ticket*. Eu mostrei para ele o *ticket* da entrada e ele disse que não era aquele e que eu teria que pagar 200 EGP para estar ali.

Respondi dizendo que meu guia falou para eu não dar dinheiro para ninguém. Daí ele começou a me chamar para eu segui-lo lá dentro da tumba. Fiquei sem saber o que fazer, se saía correndo ou se gritava. E ele disse: "Tudo bem, eu sou policial". Então comecei a andar em direção ao local que ele estava me mostrando. Ele começou a me dar explicação sobre o lugar e a pedir para tirar uma foto minha (muitos egípcios oferecem esse tipo de "ajuda" esperando uma gorjetinha).

Nesse momento, eu consegui avistar a saída e caí fora daquela tumba do terror.

Infelizmente essa questão de os policiais pedirem dinheiro é muito forte. Mas não que isso represente um perigo, é mais um golpe mesmo, uma das coisas que eles têm em comum com os brasileiros: a corrupção.

Esse foi o único caso esquisito que vivi no Egito, o restante das pessoas com quem tive contato foram muito legais comigo e me ajudaram bastante.

Apesar desse susto, me senti muito segura em todos os outros lugares por que passei e sou muito grata pelas pessoas que cruzaram meu caminho nessa viagem.

Não deixei que um acontecimento ruim tirasse o brilho da viagem. O saldo de ajuda foi muito maior do que o de malandragem.

A maioria das pessoas daria uma atenção maior a um acontecimento negativo do que a 20 acontecimentos positivos. A verdade é que passamos horas reclamando de algo ruim que nos aconteceu e repetimos a história um milhão de vezes para todo mundo que encontramos, nos queixamos nas redes sociais, nas conversas e ficamos remoendo a história na nossa cabeça por vários e vários dias.

Já quando acontece algo bom na nossa vida não nos damos esse mesmo tempo para agradecer. Não falamos sobre isso com as pessoas, pelo contrário, guardamos como um segredo, afinal pensamos que não podemos demonstrar felicidade.

Não celebramos o suficiente, nem internalizamos as emoções positivas. Estamos tão focados nos problemas que nos esquecemos de ser gratos.

E a gratidão é algo tão simples e poderoso.

Antes de dormir, eu faço um exercício de gratidão que me faz olhar para o meu dia e perceber as bênçãos que eu deixei de enxergar. Eu penso em três coisas que aconteceram naquele dia pelas quais eu sou grata. Quando faço isso, percebo que foram as coisas mais simples que me fizeram mais feliz, como um pôr do sol da minha janela, um momento de carinho com a minha filha, um prato de comida gostosa. Eu me permito sentir por alguns minutos essas emoções e vou dormir com esse sentimento de gratidão.

E mesmo naqueles dias em que a gente pensa que não dá para salvar nada do que se passou, sempre podemos agradecer. Agradeço a Deus pela vida, pela minha saúde, pela minha casa, pelo alimento. Isso é sentir gratidão.

EM QUE ÁREA DA SUA VIDA VOCÊ TEM DADO MAIS ATENÇÃO AOS PROBLEMAS DO QUE ÀS BÊNÇÃOS? ENCONTRE MOTIVOS PARA SENTIR GRATIDÃO TODOS OS DIAS.

ENCONTRE A BELEZA DOS DIAS FEIOS

No primeiro dia em Pucón, uma pequena cidade da Patagônia chilena, a previsão era de tempo nublado e frio o dia inteiro. Em muitos lugares, um tempo assim é sinônimo de ficar de molho no hotel, mas não em Pucón.

A cidade tem o passeio perfeito para esse clima, as famosas termas. Como Pucón está localizada em uma área de vulcões, a cidade é cheia de fontes de águas termais, que dão origem a várias termas bacanas.

As mais famosas e interessantes são as termas Geométricas, um lugar totalmente integrado com a natureza, repleto de cachoeiras, muito verde e várias piscinas naturais.

Eu me diverti muito pulando da água quente das piscinas para a água gelada da cachoeira e adorava levar aquele choque térmico pela mudança brusca de temperatura.

Foi um dos dias mais gostosos dessa viagem. Um dia diferente, relaxante, sem pressa, em que vivi o presente, e principalmente um dia em que percebi a beleza dos dias chuvosos.

Eu já fui alguém que considerava um dia perdido por estar chovendo. Principalmente se eu estivesse viajando. Ficava chateada, reclamava, como assim o tempo ousa ficar ruim logo nas minhas férias?

Já reparou como nos referimos ao tempo nublado ou chuvoso? Dizemos: "Hoje o dia está feio". Usamos a expressão "o tempo fechou" quando algo ruim nos acontece.

Mas o que afinal é ruim? E para quem? Nada deveria ser julgado como bom ou ruim. Mesmo que eu pensasse que a chuva era ruim para mim, ela é maravilhosa para a natureza.

Classificar as coisas como boas ou ruins, feias ou bonitas é nos limitar e perder a oportunidade de encontrar presentes pelo caminho. Encontre beleza onde quer que você esteja.

3
FUI FELIZ SEM PRECISAR VOLTAR

FELICIDADE É UMA FORMA DE VIAJAR

> "Não existe um caminho para a felicidade.
> A felicidade é o caminho."
> **THICH NHAT HANH**

Muitos de nós buscam a felicidade como se ela fosse um destino. Quando acontecer "x" ou quando eu tiver "y", eu serei feliz. Mas esquecemos que a felicidade não está no destino, mas sim na forma de caminhar.

Perdemos tanto tempo tentando chegar a esse destino que isso nos torna infelizes. E quando finalmente chegamos lá, percebemos que não ficamos mais felizes, ao contrário, continuamos desejando outros destinos. Nada nunca nos satisfaz o bastante.

O segredo da felicidade é perceber que ela está no momento presente e não em algum momento futuro. Que você a encontra nas pequenas emoções positivas cultivadas por você a cada dia.

Sim, VOCÊ é o responsável por cultivar sua própria felicidade por meio de hábitos simples, como meditar, se exercitar, praticar generosidade, parar de assistir negatividade na TV e qualquer outra coisa que você goste de fazer e que lhe faça bem.

Emoções positivas inundam nosso cérebro com dopamina e serotonina, substâncias químicas que trazem sensação de bem-estar. E uma rápida descarga delas é um poderoso antídoto contra o estresse e a ansiedade.

Tente lembrar o que você gostava de fazer na sua infância que não faz mais e tente agregar isso ao seu dia a dia.

Porque o que você faz todo dia é mais importante do que o que você faz de vez em quando.

O QUE VOCÊ PODE FAZER HOJE PARA CULTIVAR A SUA FELICIDADE?

VOCÊ ESTÁ ADMIRANDO A PAISAGEM?

Sempre que posso, eu incluo nas minhas viagens algum trecho de ônibus ou de trem entre as cidades. Tento também pegar um lugar na janela para conseguir admirar a paisagem pelo caminho. É tão bom ver paisagens diferentes, lugares desconhecidos, deixar a mente vaguear enquanto vejo a beleza da estrada.

Percebo que tão bom quanto chegar ao destino é desfrutar da paisagem. É a mais pura verdade que "a felicidade não é uma estação aonde chegamos, e sim uma maneira de viajar", como diria Margareth Rinbeuk.

Seria tão bom se, na nossa vida, nós também pudéssemos apreciar mais a paisagem enquanto caminhamos até nossos objetivos.

O problema é que, quando queremos algo, achamos que só seremos felizes quando conquistarmos aquilo e não conseguimos ver mais nada enquanto não o alcançamos. E o pior é que, quando esse dia chega, percebemos que "chegar lá" não trouxe a felicidade que imaginamos.

Esquecemos que a felicidade está mesmo no percurso, nos nossos erros e acertos, nas pessoas que cruzam o nosso caminho, nos perrengues que viram histórias para contar.

Talvez você ainda esteja lutando por esse algo que você pensa que trará sua felicidade. Mas que tal ser feliz hoje com o que você tem? Escolher ver a felicidade em cada passo da sua caminhada? Dar significado à sua vida, ao seu trabalho agora enquanto constrói a vida dos seus sonhos?

Porque, como dizia o escritor William Morris, o verdadeiro segredo da felicidade está em ter um interesse sincero por todos os detalhes da vida cotidiana.

Que possamos estar atentos a esses detalhes.

LUTE PELOS
SEUS SONHOS,
CORRA ATRÁS
DOS SEUS OBJETIVOS,
MAS ENQUANTO ISSO,
POR FAVOR, NÃO SE
ESQUEÇA DE ADMIRAR
A BELEZA DA PAISAGEM.

O PAÍS QUE MEDE A FELICIDADE

O Butão é um país que sabe reconhecer o que realmente importa.

Em vez do PIB (Produto Interno Bruto), eles têm o FIB (Felicidade Interna Bruta), um indicador sistêmico desenvolvido por eles que considera outros aspectos além do desenvolvimento econômico, como a conservação do meio ambiente e a qualidade da vida das pessoas.

A métrica do PIB praticamente obriga o mundo a crescer, a produzir mais dinheiro, para consumir mais e acumular mais coisas que não trazem felicidade.

De que adianta a gente se matar de trabalhar e não ter tempo para viver? Nesse ritmo, chegaremos ao fim da vida e perceberemos que não vivemos. Trocamos nosso tempo por dinheiro para acumular coisas e continuar com o coração vazio.

Somos ricos de PIB e pobres de FIB. Quando será que teremos o direito de crescer não materialmente, mas espiritualmente, emocionalmente, culturalmente?

Quando vamos perceber que muito mais importante do que calcular o PIB é calcular o FIB, a verdadeira riqueza?

Essa sim é a nova fórmula para medir o progresso de uma nação.

Para se aprofundar no tema, assista:

Como viver uma vida sem arrependimentos.

BRASILEIROS SÃO FELIZES

> "Nós apenas podemos dizer que estamos vivos naqueles momentos em que nossos corações estão conscientes de nossos tesouros."
> **THORNTON WILDER**

Sempre que digo que sou brasileira, as pessoas ao redor do mundo abrem logo um sorriso e mostram um certo entusiasmo. Elas dizem que amam o Brasil e adoram o povo brasileiro, que sempre é considerado um povo feliz, alegre, alto-astral.

E com isso eu tenho que concordar. Nós, brasileiros, somos um povo guerreiro, sorrimos em meio às dificuldades e encontramos forças para vencer as batalhas diárias.

A verdade é que depende de cada um de nós escolher dar o melhor significado ao que nos acontece.

Depende de cada um de nós extrair os aprendizados e ser grato por todo minuto em que estamos vivos.

A felicidade é uma escolha que reafirmamos todos os dias.

Agradecer pelas pessoas que você ama estarem vivas e com saúde é tudo o que importa no final das contas.

E aí você percebe que não precisa de muito para ser feliz.

Viva cada dia com gratidão.

Esse é o maior segredo da felicidade.

QUAIS SÃO AS SUAS REGRAS PARA SER FELIZ?

> "A mente é um lugar em si mesma, e em si mesma pode fazer do céu um inferno, e do inferno, um céu."
>
> **JOHN MILTON**

Na minha última viagem para a Ásia, eu tinha uma lista de coisas que precisavam acontecer para eu ficar feliz na viagem. Primeiro, o tempo tinha que estar bom, sol de preferência; a água tinha que estar azul, os lugares precisavam estar vazios e eu precisava conseguir fazer a foto X, Y e Z.

Se essas coisas não acontecessem, eu ficaria bem chateada.

O problema era que, além de serem regras bem fúteis, eu não podia controlar nenhuma delas. E quando nossa felicidade depende de algo que não podemos controlar, nós sofremos.

Além disso, essas regras me faziam perder a verdadeira riqueza da viagem.

Mas, felizmente, hoje eu entendi que a única coisa que precisava acontecer para eu ficar feliz era eu me permitir estar feliz independentemente das circunstâncias. Era estar lá de corpo e alma para ver, ouvir e sentir a beleza que não dependia das minhas regras nem da previsão do tempo. Que estava ali apenas para ser contemplada.

E assim é na nossa vida.

O que tem que acontecer para você se sentir bem?

A verdade é que nada tem que acontecer para que a gente se sinta bem. Seja lá o que for que você tenha estipulado como regra para ser feliz, quando alcançar essa marca, não é ela que o fará feliz, mas sim a permissão que você mesmo se dará para ser feliz e se sentir bem.

Decida que sua regra para se sentir bem seja desfrutar o caminho, não importa o que aconteça.

Ter grandes expectativas que você não pode controlar é o caminho mais fácil para a frustração.

Experimente deixar suas regras mais simples e se comprometa a ser flexível e dirigir seu foco para a verdadeira riqueza da vida.

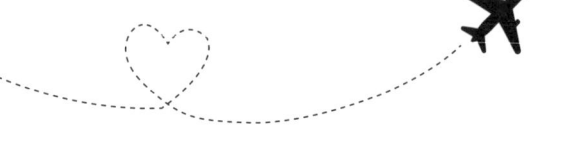

ESTEJA NO AGORA

> "A vida é agora. Nunca houve um momento em que a sua vida não foi agora, nem nunca haverá."
>
> **ECKHART TOLLE**

Viajar me ajuda a viver na presença. E confesso que ter presença nunca foi algo fácil para mim. Sempre precisei fazer um esforço consciente e constante de me manter no momento presente sempre que meus pensamentos queriam vagar por aí. Lembrar de voltar para o agora toda vez que as preocupações queriam me levar pra longe.

Porque eu entendi que o AGORA não é o melhor momento para você viver, ele é o ÚNICO.

O passado já não existe e o futuro ainda não chegou.

Mas nós insistimos em viver nesses dois mundos que nos fazem perder o bem mais precioso que temos: o tempo presente.

Quando vivemos o agora não temos preocupações, nem decepções, tomamos consciência dos pensamentos e das emoções que nos impedem de vivenciar plenamente a alegria e a paz que estão dentro de nós mesmos.

Por isso, eu desejo que, onde quer que você esteja, esteja presente de verdade. Esteja no agora.

Para se aprofundar nesse tema, assista:

Como lidar com dias difíceis.

VIVA UM DIA DE CADA VEZ

Uma das minhas viagens preferidas foi quando viajei com a minha irmã pela região dos lagos andinos fazendo a travessia entre a Patagônia argentina e chilena. Essa foi uma viagem diferente, lenta, feita sem nenhum planejamento, apenas com o destino de chegada e o de partida.

Vivemos essa viagem um dia de cada vez, decidindo se ficávamos mais um pouco ou se partíamos, sem muita preocupação com o futuro, curtindo cada dia e sentindo a viagem sem aquela dor de ter que ir embora querendo ficar mais ou ter que ficar mais com vontade de ir embora só para cumprir o planejado.

Planejar a viagem dia após dia me ensinou como é bom viver um dia de cada vez.

Aprendi que não precisamos trazer as preocupações de amanhã para o hoje, pois além da preocupação ser inútil e não resolver os problemas de amanhã, ela nos tira a energia do hoje.

Não precisamos ficar divididos entre o hoje e o amanhã.

Viver no presente é o melhor antídoto para a ansiedade.

Nesses momentos, precisamos lembrar o que Jesus já alertava:

"Não se preocupe com o amanhã, pois o amanhã trará suas próprias preocupações. Basta a cada dia o seu próprio mal".

Para se aprofundar nesse tema, assista:

Como parar de se preocupar e se livrar da ansiedade.

FAÇA SEU SHABAT

Em Israel, pude vivenciar o *shabat*, o dia que os judeus tiram para descanso, o sábado. Só que não é um descanso comum, eles levam isso muito a sério. Tanto é que, se você estiver viajando por lá nesse dia, tem que ficar atento porque os ônibus param de circular, supermercados e restaurantes fecham, atrações não funcionam e você precisa se programar bem para não ser pego de surpresa.

Essa pausa já está enraizada na cultura e eles a levam muito a sério. O propósito deles é muito claro. Eles tiram esse momento para se reunir em família, confraternizar e descansar.

Eu tive a oportunidade de participar de um jantar do *shabat* no *hostel* em que eu estava hospedada e eles fizeram essa celebração conosco, uma espécie de ritual no qual eles repartem o pão e o vinho, fazem orações, cantam e depois confraternizam ao redor da mesa. Eu achei muito lindo ver a maneira como eles se dedicam a essa prática com tanto afinco.

Um momento de presença, de comunhão com seus entes queridos, de valorização da família.

Uma excelente forma de lidar com a correria desse mundo frenético.

Aprender a fazer pausas com frequência nos reconecta com o que realmente importa na vida.

VIVA NA PRESENÇA

> "O momento presente é a única coisa que não tem fim."
> **ALAN WATTS**

Quando passei no concurso do Banco Central, eu morava no Rio de Janeiro e precisei me mudar para Brasília. Minha filha tinha acabado de completar um aninho e ficou no Rio de Janeiro enquanto eu tentava uma transferência para o Rio.

Foram quatro meses vivendo com o coração apertado durante a semana e viajando todos os finais de semana para o Rio.

Eu literalmente só vivia nos finais de semana, quando voltava para casa.

Durante o tempo em que eu passava com ela, eu tirava muitas fotos para depois ficar revendo-as durante a semana.

Queria registrar tudo, inventava vários passeios, visitava todos os eventos infantis que estavam acontecendo no Rio. Foi a época em que mais tirei fotos dela e, para organizar todo esse material, até criei um *blog* chamado *Aventuras da Madu*.

Na verdade, eu tirava fotos para provar para mim mesma que eu não estava perdendo a infância da minha filha.

A transferência para o Rio não era tão fácil como eu imaginava e não aconteceu. Depois de quatro meses vivendo assim e não aguentando mais a distância, fui chamada para um outro concurso no Rio de Janeiro e voltei para casa definitivamente.

O problema foi que continuei repetindo o mesmo padrão de antes e assim começou meu vício nas fotos.

O meu vício era tão grande que tudo o que eu fazia com a Duda eu levava a câmera GoPro para registrar. Eu ia ao parquinho com a minha filha com a GoPro na mão, mergulhava na piscina com a GoPro filmando, brincava de boneca com a GoPro no chão. Até que um dia, depois de uma brincadeira, eu ouvi minha filha dizer: "Agora vamos sem a GoPro, mamãe?".

As crianças percebem nossa falta de presença. Ela sabia que, quando eu estava com a câmera, eu não estava completamente ali com ela. Eu estava com a atenção dividida entre ela e a foto. E não era isso que ela queria. Ela queria a minha presença por inteiro. Crianças não se contentam com metades.

A sua presença é o bem mais valioso que você pode oferecer para as pessoas que você ama. Quando eu finalmente entendi isso, eu parei com aquela necessidade insana de querer registrar tudo em fotos. Preferi guardar nossos momentos na memória. Ter uma escuta realmente ativa para ouvir o que ela precisava dizer. Estar atenta para suas necessidades de amor e carinho.

E nossa conexão aumentou, ficamos mais unidas quando eu decidi estar presente de verdade.

Desde então, eu me faço as seguintes perguntas que vi em uma cena do filme *Poder além da vida:*

— Onde você está?
— Aqui.
— Que horas são?
— Agora.
— Quem é você?
— Esse momento.

QUANDO ESTAMOS NO AQUI E AGORA, SOMOS ESSE MOMENTO, A ÚNICA COISA QUE REALMENTE EXISTE: O TEMPO PRESENTE.

APENAS APRECIE A VISTA

"O que importa não é o que acontece,
mas como se reage."
EPITETO

Você já reparou que, na maior parte do tempo, estamos criticando tudo ao nosso redor?

Nós nos tornamos tão especialistas em criticar que, em vez de aproveitar o momento atual, passamos a categorizar a experiência como boa, ruim, chata, legal, alegre, triste, segura, perigosa e assim por diante. Somos jurados de revistas dando notas para cada evento da nossa vida.

E, na maior parte das vezes, fazemos comentários negativos desnecessários sobre alguma coisa. Mesmo nas coisas boas que acontecem e nos momentos bacanas, temos sempre que dar o nosso "pitaco" de crítica.

E isso afeta a nossa felicidade e a de quem está a nossa volta. Precisamos perder essa mania de sempre enaltecermos o lado negativo, de procurarmos defeitos em tudo, ao invés de ressaltar o positivo.

Mais do que isso, categorizar uma experiência nos faz perder o agora. Somos turistas que não aproveitam a paisagem porque estamos muito ocupados tirando fotos. Fotografamos, mas não vivemos a vista.

Precisamos aprender a parar de categorizar e começar a focar nossa atenção em todos os segundos do dia, sem julgar se é bom ou ruim.

Só assim ficaremos em paz com o que ocorre e totalmente presentes.

A VIDA É COMO UM SORVETE

Exposições sempre nos ensinam muito. No *O Museu Mais Doce do Mundo*, uma sala me fez refletir sobre como nossa vida é fugaz. Era um ambiente com várias esculturas de sorvetes e na parede a seguinte frase: "A vida é como um sorvete, aproveite antes que derreta".

Sábias palavras essas do sorvete! Infelizmente, muitas pessoas só se dão conta da brevidade da vida quando já não possuem mais tempo.

Quando estão em um leito de hospital ou quando perdem um ente querido, por exemplo. E percebem que o que realmente importava na vida era ter passado mais tempo com as pessoas queridas e feito mais aquilo que amavam.

Não espere não ter mais tempo para perceber que precisa aproveitar sua vida. Para evitar isso, preste atenção ao que você presta atenção. Afinal, onde está a sua atenção, está a sua vida. O maior ativo que você tem é a sua atenção, que é para onde vai o seu tempo e, consequentemente, a sua vida.

E o tempo é um recurso que não se renova.

Por isso, elimine as distrações. Perceba o que elas estão roubando de você. Não viva com tanta pressa a ponto de perder de vista o que realmente interessa.

Aproveite o dia, curta a família, divirta-se, saia com os amigos, saia sozinho, passe tempo com quem você ama, faça algo por você, faça algo por alguém.

Saboreie bem esse sorvete que é a vida antes que ele derreta.

4
NO MEIO DO CAMINHO TINHA UM PERRENGUE

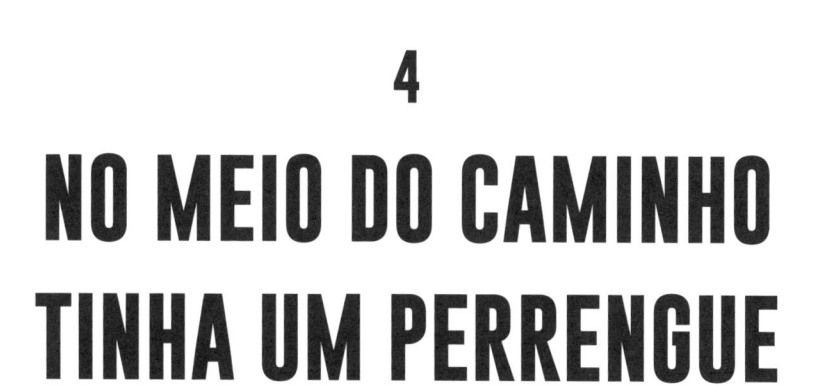

PERRENGUES SÃO PRESENTES DISFARÇADOS

> "Cada problema é uma dádiva.
> Sem eles nós não cresceríamos."
>
> **TONY ROBBINS**

O que seria da viagem sem os perrengues? São as melhores histórias, das quais a gente vai rir contando depois. Eu já passei por vários e vou contar alguns aqui.

Em La Paz, a capital mais alta do mundo, eu e minha irmã passamos muito mal por causa da altitude. A cidade está a 3.660 metros acima do nível do mar e o ar rarefeito torna o simples ato de respirar uma dificuldade. É como tentar puxar o ar com todas as suas forças e não conseguir respirá-lo.

Por isso, muitos turistas sofrem de *soroche*, o mal da altitude, causando dor de cabeça e mal-estar. Algumas pessoas abençoadas não sentem nada, mas nós fomos muito afetadas pela *soroche*, passamos a noite vomitando e com tanta dor de cabeça que pensamos que não iríamos aguentar prosseguir a viagem. Mas felizmente melhoramos, nosso corpo se adaptou e no final da viagem já estávamos correndo pelas ruas de La Paz como nativas. Se não tivéssemos passado pela dor da falta de oxigênio, não teríamos vivido as experiências maravilhosas da Bolívia, uma das viagens que guardo com muito carinho.

No Salar de Uyuni, ficamos um dia sem tomar banho porque estava muito frio e não tinha mais água quente no hotel. Andamos de caminhonete o dia todo, mas as belezas que vimos fizeram todo o sacrifício valer a pena.

Em Alter do Chão, Pará, nosso barquinho quebrou na volta do passeio e tivemos que ficar esperando o resgate dentro do barco. Em vez de reclamar que estava demorando, aproveitei para relaxar e contemplar a vista maravilhosa e curtir a pausa forçada. Escolhi enxergar não que eu estava perdendo tempo, mas sim que ganhei mais tempo de passeio.

Em Jericoacoara, Ceará, não fiz reserva de hotel e encontrei a vila lotada, sem vaga para passar a noite e tive que dormir na rede do quintal de uma pousada. Foi uma noite diferente, ao ar livre, calma e serena. Dormir ali na rede sem muito luxo me fez perceber que a simplicidade das coisas é o que mais mexe com nossos sentidos.

Em Machu Picchu, Peru, não consegui comprar a passagem de trem de volta para a cidade de Águas Calientes porque as passagens estavam esgotadas e precisei embarcar em uma van que fazia um caminho alternativo tirando fininho de um penhasco altíssimo. Apesar de viver fortes emoções a cada curva, o cenário era absolutamente arrebatador.

Na Tailândia, reservei um hotel e, quando cheguei lá, descobri que ele ficava em uma praia mais afastada e cujo acesso era feito por barco ou por uma trilha no meio do mato. Para completar, minha cabana era uma das mais afastadas. Foi uma longa caminhada com a mochila nas costas. Como cheguei à noite, não tinha conseguido ver nada ainda, mas quando o dia amanheceu e pude ver a beleza daquele lugar, eu agradeci por ter reservado esse hotel escondido, mas que me fez sentir mais perto da natureza do que qualquer outro.

São os perrengues que rendem as melhores histórias, por mais que não sejam agradáveis na hora em que estamos passando por eles. Mesmo assim, eles sempre têm algo a nos ensinar.

Perrengues são presentes disfarçados. Mesmo que na hora não estejam tão claros, mesmo que na hora não sejam legais.

Descobrir esses presentes é a graça da vida.

QUANTO MAIS SOFRE A VIDEIRA, MELHOR É O VINHO

Eu nunca entendi muito sobre vinhos, mas aprendi muito sobre o assunto durante uma viagem para a Serra Gaúcha na época da vindima, que é a festa da colheita das uvas.

Visitamos várias vinícolas, degustamos vinhos, conhecemos muitas histórias e aprendemos muito.

Durante uma visita guiada em uma vinícola, a enóloga comentou que, quando o solo é abundante em recursos, ele não produz uva boa. Por outro lado, quando o solo é pobre, a uva é melhor. Na hora, eu fiquei confusa. Pensei comigo, não seria o contrário? Solo abundante, uva boa. Solo pobre, uva ruim?

Até que ela explicou que, quando há abundância no terreno, a videira espalha os recursos entre as folhas e galhos, e as uvas não ficam tão doces e suculentas.

Já quando a videira tem pouco recurso disponível no solo, ela concentra tudo de bom no cacho de uva, produzindo uvas de extrema qualidade que, por consequência, produzirão vinhos excelentes.

Ou seja, quanto MAIS SOFRE a videira, MELHOR é o vinho.

Eu gostei tanto dessa história porque ela reforça uma coisa em que eu acredito muito. A videira nos ensina que o sofrimento vem para nos tornar cada vez melhores.

Ele nos torna mais fortes, nos capacita para novos desafios e nos deixa aprendizados valiosos.

Da próxima vez que você passar por alguma situação difícil, lembre-se de que é a vida o preparando para vinhos maravilhosos.

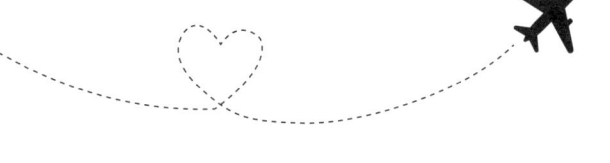

PARA ONDE VOCÊ OLHA?

> "Onde há ruínas, há esperança de encontrar um tesouro."
>
> **RUMI**

Quando eu tiro uma foto, eu gosto de encontrar algum ângulo diferente. Um dos meus preferidos é o ângulo de baixo para cima, porque disfarça o excesso de pessoas que estão no ponto turístico. Quando você olha a foto, você não vê as pessoas que estavam "atrapalhando" a minha foto, você só vê o céu azul que esse novo ângulo mostra.

Talvez você esteja se sentindo no fundo do poço em alguma área da sua vida, mas sabe o que o fundo do poço tem de bom? É que ele nos obriga a olhar para cima. Quando você olha para o alto, você não vê aquilo que o limita, você enxerga a esperança. Não podemos mudar a situação que estamos vivendo agora, mas podemos olhar para cima, mudar de perspectiva e encontrar uma saída.

Isso é aceitação. É totalmente diferente de ficar de braços cruzados esperando tudo se resolver, mas, sim, parar de brigar com a realidade para focar no que você pode fazer no presente para criar um novo futuro.

Para se aprofundar nesse tema, assista:

Como sair do fundo do poço.

COMO VOCÊ PODE ENCONTRAR NOVOS ÂNGULOS PARA A SITUAÇÃO QUE ESTÁ VIVENDO AGORA?

USE A CORRENTEZA A SEU FAVOR

Eu amo praticar *stand up paddle*, aquele esporte em que você rema em pé numa prancha bem grandona. Sempre que vou a alguma praia diferente, tento alugar uma prancha e sair remando. Em uma viagem para Itacaré, Bahia, aluguei uma prancha logo no primeiro dia e fui remar na Praia das Conchas. O dono na barraca de aluguel perguntou se eu já tinha prática e eu disse que sim, que já tinha feito isso várias vezes. Ele me passou algumas orientações e fui para o mar.

Comecei a remar despreocupada, curtindo aquele fim de tarde do meu primeiro dia em Itacaré. Tão despreocupada que não percebi que a correnteza estava me levando cada vez mais para longe.

Comecei a tentar voltar, porém, por mais que eu remasse, não saía do lugar. Entrou um vento muito forte e a correnteza estava puxando muito. Meus braços estavam muito cansados e eu não sabia mais o que fazer. O dono da barraca, vendo que eu não estava conseguindo voltar, pegou uma prancha e foi remando ao meu encontro.

Ele se aproximou de mim e foi me orientando para a praia. Estava muito difícil voltar, inclusive para ele. Nós remávamos com toda força, mas não adiantava nada. Só ficávamos mais cansados.

Até que ele percebeu uma coisa que eu não tinha percebido. Contra a correnteza era impossível, mas poderíamos usar a correnteza para chegar em outra margem e depois voltar caminhando.

E foi isso que fizemos, nadamos em direção à outra margem, usando a correnteza a nosso favor e finalmente chegamos sãos e salvos. Nunca fiquei tão feliz em chegar à terra firme como nesse dia.

VAMOS FUGIR

Esse dia me trouxe aprendizados valiosos. Primeiro, que não devemos nos distrair, precisamos saber o tempo todo para onde estamos indo, se não quisermos ser levados pela correnteza.

Segundo, quando tentamos nadar contra a correnteza, não conseguimos chegar muito longe, o cansaço nos consome. Ao contrário, se usamos a correnteza a nosso favor, podemos chegar a lugares nunca antes explorados.

Nessa hora não podemos ter medo, porque o medo nos paralisa. Precisamos continuar remando, mas usando a correnteza a nosso favor. Caso contrário, ela vai nos arrastar para onde não queremos ir.

NÃO DEIXE
A CORRENTEZA
ARRASTÁ-LO PARA
O FUNDO DO MAR.
USE-A PARA
EXPERIMENTAR
NOVAS ÁGUAS.

A TEMPESTADE O LEVA AONDE VOCÊ PRECISA IR

Morei em Belém, Pará, por três anos e durante esse tempo eu vivi o poder da natureza no meu dia a dia.

Em Belém chove todos os dias, e todos precisam se adaptar aos horários da chuva, até os encontros são combinados para antes ou depois dela.

Fato é que todo mundo sabe que, logo após a chuva, o tempo melhora e a vida segue normalmente.

Na vida, precisamos ter a certeza de que a tempestade também passa e que o tempo melhora.

Muitas vezes não entendemos o motivo de estarmos passando por ela, mas quando as nuvens escuras se dissipam e o sol reaparece, entendemos porque a tempestade nos pegou.

Nessas horas, o segredo é dar uma pausa e esperar a tempestade passar. Mas, se preciso for, aprender a dançar na chuva.

A chuva vem para nos tirar do local em que estamos e nos levar até onde precisamos ir. Vem para nos colocar em movimento, lavar o que passou e renovar a esperança de tempos melhores.

Para se aprofundar nesse tema, assista:

A tempestade vai passar.

SEU MELHOR AZEITE

Um dos lugares que mais amei visitar em Jerusalém foi o Monte das Oliveiras. Eu me lembro bem da sensação de paz que senti enquanto caminhava pelos jardins rodeados de oliveiras. Nunca tinha visto uma oliveira antes e achei muito curioso ver uma azeitona na árvore.

Isso me fez pensar no processo da prensa de azeite e em como nós somos parecidos com as azeitonas.

A azeitona da árvore não serve para comer, ela é amarga. Porém quando as azeitonas são espremidas em uma prensa, obtemos seu precioso óleo, o azeite. Um óleo saudável e muito saboroso.

Mas todos esses benefícios só surgem depois de um processo longo e difícil.

Para extrair o melhor da azeitona, ela precisa ser espremida.

O mesmo acontece conosco: para extrair o nosso melhor, precisamos ser espremidos algumas vezes.

Porque a Bíblia diz em 2 Coríntios 12:9-10 que: "Minha graça é suficiente a você, pois o meu poder se aperfeiçoa na fraqueza". Portanto, eu me gloriarei ainda mais alegremente em minhas fraquezas, para que o poder de Cristo repouse em mim. Por isso, por amor de Cristo, regozijo-me nas fraquezas, nos insultos, nas necessidades, nas perseguições, nas angústias. Pois, quando sou fraco, é que sou forte.

Só passando pela prensa da vida nós podemos extrair nossos melhores azeites, que servirão de remédio para outras pessoas que estão passando pela mesma situação.

O que você já aprendeu com essa prensada?

Qual foi o azeite que saiu das suas azeitonas?

ENCONTRE UM SENTIDO

> "Entre o estímulo e a resposta, há um espaço.
> Nesse espaço, encontra-se nosso poder de escolher
> a resposta. Na nossa resposta,
> residem o crescimento e a liberdade."
>
> **VIKTOR FRANKL**

Viajar é também reviver alguns episódios tristes da história da humanidade e em Israel é impossível não pensar no massacre que os judeus sofreram durante o nazismo. O Yad Vashem em Jerusalém é o maior memorial do Holocausto no mundo e busca perpetuar a memória do genocídio do povo judeu durante a Segunda Guerra Mundial.

Mas mesmo em meio a tanta dor e tristeza é possível tirar muitas lições valiosas de sobreviventes como Viktor Frankl, um judeu que viveu três anos em condições terríveis no campo de concentração de Auschwitz e hoje é reconhecido como um dos maiores psiquiatras da história, criador de um método terapêutico baseado na busca pelo sentido da vida. Preso no campo de concentração, ele escreveu um livro chamado *Em busca de sentido*, no qual fala que a única liberdade que o homem não perde é a liberdade de escolher a atitude que terá diante das situações que ele vive.

A teoria de Viktor Frankl é de que os judeus que conseguiram sobreviver ao Holocausto foram aqueles que conseguiram enxergar algum propósito na vida, algum sentido em continuar vivo, apesar das circunstâncias.

Ele conta que algumas vezes os prisioneiros ganhavam, em troca do seu trabalho, alguns cigarros e eles usavam esses cigarros como uma moeda de troca para conseguir outras coisas, como comida, já que passavam fome muitas vezes; alguns preferiam suprir essa necessidade básica e continuar vivendo.

Porém alguns prisioneiros não faziam isso. Quando ele via o prisioneiro fumando o próprio cigarro, era um sinal de que aquele cara tinha desistido mesmo de viver.

A nossa escolha de encontrar um sentido em meio ao caos é o que nos manterá de pé e nos levará adiante.

Escolha encontrar um sentido na dificuldade que você está vivendo hoje.

Escolha como você se sentirá e qual a perspectiva que terá diante dessa situação. Essa é uma liberdade que ninguém pode tirar de você.

Para se aprofundar nesse tema, assista:

Como encontrar sentido em meio ao caos.

SAIA DO PIN

Todos nós passamos por desafios ao longo da nossa trajetória. Eu gosto de comparar essas situações difíceis da nossa vida com um *pin* que a gente usa para marcar no mapa o lugar que visitamos. Quando estamos vivendo aquela situação, nós estamos em cima do *pin* e só vemos aquilo. Não conseguimos enxergar mais nada além daquele problema, daquele conflito. Ficamos dias e dias preocupados, ansiosos, sofrendo e muitas vezes não encontramos uma forma de sair dessa visão pontual da situação.

Só com o passar do tempo conseguimos respirar novamente. A mágica do tempo é que, quando ele passa, é como se pudéssemos sair daquele *pin* minúsculo e olhar o mapa inteiro novamente. Como se pudéssemos superar e perceber o quanto aquele *pin* é pequeno perto do mapa completo e de todos os outros lugares pelos quais você já passou.

Quando você olha para sua trajetória, percebe que já superou tantas outras situações e que essa é só mais uma na viagem da sua vida.

A boa notícia é que você não precisa esperar tanto tempo para ver o mapa completo, pois pode olhar o mapa todo de cima durante sua passagem por esse *pin*.

Escolha sair desse *pin* e ver seu mapa completo agora.

O MEDO SE ALIMENTA DO DESCONHECIDO

> "Coragem é a resistência ao medo, domínio do medo, e não a ausência do medo."
> **MARK TWAIN**

Muita gente me acha corajosa por viajar sozinha e sempre dizem não ter essa coragem que eu tenho.

Eu sei que o medo é uma das principais barreiras de quem pensa em viajar sozinha. Mas não deveria ser, principalmente para nós que moramos no Brasil.

A impressão que eu tenho viajando por outros países é que eles são muito mais seguros que o nosso. Nós corremos muito mais risco no nosso próprio país, infelizmente.

E quando eu viajo eu percebo bem isso, porque sinto a segurança que não sinto aqui.

Não tenho medo de ser assaltada, de roubarem meu celular, porque o risco de essas coisas acontecerem no nosso país é 100 vezes maior. Em alguns países, inclusive, as pessoas usam o celular para marcar lugar em mesa de restaurante e nada acontece.

Poder andar pelas ruas sem essa preocupação não tem preço.

Se você tem vontade de viajar sozinho(a), lembre-se disso e não tenha medo. O medo é uma ilusão que só existe na nossa mente e você pode controlá-lo, basta se informar melhor, pois o medo se alimenta do desconhecido. Então, pesquise bastante sobre o destino, planeje o roteiro, os endereços, telefones úteis, documentação necessária, seguro viagem e, assim, o medo ficará cada vez menos importante.

O que você está deixando de fazer por medo?

Não deixe que seus medos sejam maiores do que os seus sonhos.

SEJA A SUA MELHOR COMPANHIA

> "A solidão é perigosa. É viciante. Uma vez que você se dá conta de quanta paz há nela, você não quer mais lidar com as pessoas."
>
> **HEDONIST POET**

Uma pergunta que ouço muito é: "Mas você está viajando sozinha?". Claro que a pergunta vem sempre acompanhada de uma cara de espanto e dúvida.

Eu acho que me surpreendo tanto com a pergunta quanto as pessoas se surpreendem com a resposta.

Para mim, é algo tão natural e tão necessário. Eu amo viajar sozinha, amo a minha companhia e adoro ter esses momentos só meus. Adoro ser dona do meu tempo e ter liberdade nas minhas escolhas. Não me sinto sozinha quando estou viajando e não é porque faço amizades (o que sempre acontece), mas sim porque é suficiente estar comigo mesma.

Acho que algumas vezes é isso que falta: as pessoas se amarem e ficarem bem consigo mesmas. Serem suficientes em sua própria companhia e parar com essa codependência de outra pessoa para fazer alguma coisa, sair, viajar etc.

Se elas descobrissem o quanto é importante ter momentos de solitude, elas se amariam mais, se valorizariam mais e não aceitariam migalhas nos relacionamentos.

E a solitude é totalmente diferente da solidão. Enquanto na solidão eu estou sozinha sem a minha presença, na solitude eu estou sozinha, mas eu me faço companhia. Solitude é sua própria presença.

Desenvolva a sua solitude. Todos os dias marque um encontro consigo mesmo. Leve você para um passeio, para um jantar, medite, fique em silêncio com seus pensamentos.

Passe tempo com você, pois você é suficiente. Você é o bastante. Você é incrível.

Faça aquela viagem para a qual você vive esperando pela companhia perfeita.

Faça aquele curso, aquele esporte novo, aquela aula de dança.

Não espere pela companhia certa, seja a sua melhor companhia.

O que você tem adiado fazer por não ter companhia?

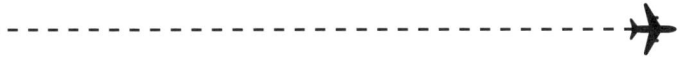

Para se aprofundar nesse tema, assista:

Como parar de sofrer de solidão.

EXPANDA SEU REPERTÓRIO

A primeira vez que saltei de um avião foi quando eu era cadete da Aeronáutica. Uma sensação de paz única tomou conta de mim ao sair do barulho do avião e cair no silêncio absoluto. Uma daquelas experiências difíceis de se explicar.

Alguns anos depois, repeti a dose realizando um salto duplo na Namíbia e outra vez em Manaus. Saltar de um avião é um exercício de coragem e fé. Coragem de enfrentar seus medos e fé de que tudo vai dar certo.

Quando você treina essas virtudes em uma experiência como essa, você está se preparando para os desafios da vida.

Toda vez que o medo de algum desafio bater, você pode falar para ele: obrigada, entendo sua preocupação, mas vou ficar bem, lembra daquele dia do salto de paraquedas?

E toda vez que a dúvida e a insegurança surgirem, você vai lembrar a si mesmo de que é preciso confiar e acreditar, tal qual aquele dia em que você saltou de um avião e confiou que o paraquedas abriria.

Quando você amplia as suas referências internas com experiências novas e desafiadoras, você está ganhando repertório para lidar com as dificuldades da vida.

Você não precisa se limitar ao seu repertório de acontecimentos naturais da sua vida. Você pode criar um repertório incrível que fortaleça ainda mais suas decisões e seu modo de ver a vida.

Mergulhe no fundo do mar, salte de paraquedas, aprenda uma habilidade diferente, visite um lugar novo, veja o mundo através de olhos diferentes.

Descubra como você é nesse ambiente novo.

Nem todas as atividades precisam ser relacionadas à viagem.

Você pode visitar um asilo ou pessoas internadas em um hospital, ajudar alguém, distribuir comida na rua, fazer um trabalho voluntário.

Nós somos o conjunto de momentos que vivemos.

Crie momentos que o tornarão uma pessoa com um repertório cada vez mais rico.

Explore, experimente uma variedade de situações diferentes e nunca pare de aprender.

Muitas vezes, nossa vida pode estar limitada porque estamos num contexto limitante.

O que você pode fazer hoje para expandir seu repertório de experiências?

A ESTRADA MAIS PERIGOSA DO MUNDO

> "Até que você cruze a ponte de suas inseguranças, você não pode começar a explorar suas possibilidades."
>
> TIM FARGO

Na Bolívia, existe uma estrada muito famosa conhecida como estrada da morte. Seu nome é devido aos inúmeros acidentes ocorridos quando essa estrada era a única que ligava os povoados de Coroico e La Paz.

Hoje a estrada é muito procurada por amantes de aventura e *mountain bike*, e eu não podia sair da Bolívia sem essa dose de adrenalina.

Confesso que, por mais aventureira que sou, tive medo. Mal dormi na noite anterior e me perguntei se estava fazendo a coisa certa. Mas decidi ir com medo mesmo e tomar os devidos cuidados.

A primeira parte do passeio é em uma estrada asfaltada bem alta e o percurso é todo feito em descida. É uma espécie de treinamento para a estrada da morte.

No início eu estava com muito medo, andando tão devagar que já estava atrapalhando o grupo. Não conseguia deixar a bicicleta ir rápido e usava os freios a todo momento. No final dessa primeira parte, o motorista da van foi ao meu encontro e pediu que eu entrasse nela porque, caso contrário, não chegaríamos a tempo no destino final. Eu fiquei bem chateada por perder a última parte do passeio. Descontei minha frustração no guia, culpei os organizadores, quando na verdade a única culpada era eu mesma por ter deixado o medo me parar.

Chegando à segunda parte do passeio, era hora de encarar a estrada da morte.

Pensei comigo que, se na estrada de asfalto eu não consegui acompanhar o grupo, imagina agora na estrada mais perigosa do mundo.

A estrada é estreita e contorna uma montanha: de um lado, o paredão e do outro, um penhasco gigante. Qualquer descuido pode ser fatal.

Comecei a descida. Coração disparado, emoção a mil, atenção redobrada. Fui entrando na experiência e me permitindo prosseguir em uma velocidade segura. Percebi que, quando comecei a ganhar confiança para dominar a bicicleta e as curvas da estrada, o medo foi se retirando.

Aprendi que o medo me impede de desfrutar o caminho.

Dessa vez, não fiquei para trás em nenhum momento. Acompanhei o grupo e cheguei ao final do percurso realizada.

Algumas atividades são treinamentos para a vida. Quando venço o medo de algo, posso enfrentar desafios maiores.

Precisamos olhar para o medo não como um vilão, mas sim como nosso guardião que quer nos proteger.

Podemos agradecer sua preocupação, falar para ele que está tudo bem e que vamos dar conta.

Faça o que tem que ser feito, o medo vai embora quando perceber que você está seguro.

CORAGEM NÃO É A AUSÊNCIA COMPLETA DE MEDO, MAS SIM AGIR MESMO COM MEDO.

MULHERES PELO MUNDO

Durante minha viagem pelo Egito, Israel e Jordânia, eu vi e senti na pele o contraste de ser mulher. Foi a minha primeira vez em um país muçulmano onde o choque cultural é muito maior com relação às mulheres.

No Egito e na Jordânia, quase não se via mulher na rua, nem nos postos de trabalho. Já em Israel, a primeira pessoa com quem tive contato ainda na fronteira foi uma mulher militar fazendo o controle do meu passaporte.

No Egito e na Jordânia, recebi muitos olhares críticos e questionadores enquanto andava sozinha pela rua.

Já em Israel, me senti igual ao ver tantas mulheres armadas com seus fuzis fazendo a segurança de Jerusalém.

Toda essa diferença cultural mostrou que algumas coisas ainda são iguais, independentemente do país de origem.

Eu perdi as contas de quantas vezes me perguntaram por que eu estava viajando sozinha, como se fosse a coisa mais estranha do mundo.

Ou quantos convites recebi porque eles pensam que o fato de estarmos viajando sozinha significa que estamos disponíveis e querendo companhia. Não queremos. Viajamos sozinha porque somos suficientes para fazer o que quisermos e amamos nossa companhia.

Que o mundo entenda que não queremos "parabéns" um dia, queremos respeito e igualdade o ano inteiro.

BOTA PRA BAIXO E ACREDITA

> "Então Jesus lhe disse: 'Porque me viu, você creu?
> Felizes os que não viram e creram'."
> JOÃO 20:29

No *surf*, para você pegar uma onda, é preciso encarar alguns desafios. Um deles é o momento crítico quando você está na parte mais alta da onda e, por alguns segundos, deixa de ver o mar logo abaixo da sua prancha. Parece que tiraram o seu chão e que você vai despencar lá de cima. Mas para o surfista entrar na onda, ele precisa vencer esse medo e "botar pra baixo", como os surfistas dizem para explicar o movimento de apontar o bico da prancha para baixo e então subir nela.

É uma sensação muito desconfortável e assustadora no início porque você não vê o fundo, mas você precisa acreditar que sua prancha está ali "grudada" na onda. Essa foi a minha maior dificuldade por um tempo. Eu tinha a sensação de que eu iria cair, e muitas vezes caía antes de tentar subir, me jogava da prancha já conformada com a queda.

Eu não conseguia acreditar que a prancha estava na onda e me deixava vencer pelo que eu estava vendo. Só enxergava um buraco na minha frente e perdia a confiança em mim. Isso me impedia de surfar ondas maiores. Porque, quanto maior a onda, maior era essa sensação da queda e mais me amedrontava esse vazio embaixo da prancha.

Mas quando passei a acreditar que daria certo mesmo quando eu não enxergava mais o chão na minha frente, aprendi enfim a surfar.

Assim é na vida: muitas vezes tiram nosso chão, não enxergamos a saída, mas precisamos de coragem para botar pra baixo mesmo quando for desconfortável, mesmo quando não estivermos enxergando nada lá embaixo, mesmo quando não soubermos o que vai acontecer lá na frente. Precisamos botar pra baixo e acreditar que vamos surfar essa onda.

Para descer ondas maiores, é preciso acreditar que você vai surfar mesmo quando faltar o chão. É preciso passar pelo período da incerteza.

É preciso abrir mão do controle por alguns instantes.

É preciso confiar que sua prancha está segura na onda da vida, e que no momento certo você vai enxergar a luz no fim do túnel. É ter fé que Deus controla aquilo que você não enxerga.

Muitas vezes queremos ter o controle de tudo e ver antes de crer. Mas nem sempre é assim que acontece. Haverá momentos em que você vai precisar crer antes de ver.

O que você escolhe?

------------------------------------✈

Para se aprofundar nesse tema, assista:

3 coisas que aprendi com o surf.

E SE NÃO ESTIVER DISPOSTO A FICAR SEM CHÃO POR ALGUNS MOMENTOS, NUNCA DESFRUTARÁ DE ONDAS MAIORES NA SUA VIDA.

ILUSÃO DE ÓTICA

> "Tudo depende de como vemos as coisas
> e não de como elas são."
> **CARL JUNG**

No Rio de Janeiro, uma pedra ficou muito famosa pelas fotos impactantes que se consegue tirar de lá, a pedra do Telégrafo.

A foto mostra a pessoa pendurada em uma pedra pontuda sem aparecer o chão, prestes a cair em um precipício, e ao fundo há uma vista sensacional das praias do Recreio e da Barra da Tijuca.

Uma foto minha nessa pedra circulou na Internet mundo afora e eu me divertia muito com os comentários das pessoas que achavam que eu estava me arriscando pendurada de uma altura enorme.

Quem vê a foto pensa que a pessoa é louca de estar pendurada em uma pedra de uma altura enorme.

Mas a foto não é o que parece. Quando você chega ao local, você vê que tem chão embaixo da pedra e que a foto não passa de uma ilusão de ótica provocada por quem a tirou, que propositalmente cortou o chão da foto.

Muita coisa na nossa vida não é o que parece.

Nossos medos, por exemplo. Eles não são esse monstro que a gente pinta na nossa mente.

Encare-os e pare de enxergar essa ilusão.

Chegue mais perto e perceba que o chão está bem ali.

BEM INFORMADO

Eu estava em Israel no dia em que o Irã atacou duas bases que abrigavam tropas dos Estados Unidos no Iraque, em janeiro de 2020, causando um burburinho na mídia internacional.

Minha família mandou mensagem preocupada, perguntando se estava tudo bem comigo e meu irmão falou para eu ir embora de lá o mais rápido possível.

E eu sem saber o que estava acontecendo, já que estava tudo na mais perfeita normalidade por ali. Ninguém comentava o assunto, a vida fluía normalmente, tudo em paz.

Quando escolhemos dar ouvidos a programas de notícias sensacionalistas, acabamos criando uma visão distorcida da vida.

O objetivo de muitos noticiários é chamar a sua atenção e, infelizmente, o que dá Ibope são notícias negativas.

O maior problema é acreditar que essas notícias terríveis são um reflexo verdadeiro e preciso do que está acontecendo no mundo.

Mas não são.

Fiquei pensando em quantas notícias como essa ouvimos todos os dias e o quanto é prejudicial aceitá-las como um reflexo exato da realidade.

Quantas pessoas temem viajar para o Oriente Médio por medo dos conflitos que assistem na TV, pensando que eles acontecem vinte e quatro horas por dia. E quantas temem até mesmo sair de suas casas por medo da violência divulgada massivamente.

A verdade é que notícias boas não dão audiência, por isso não é interessante mostrá-las com a mesma frequência. Já as negativas você assiste aos montes e fica com a impressão de que só existe isso no mundo.

Não aceite tudo o que você vê como verdade. Não fique à mercê das notícias sensacionalistas, pois assim você perderá oportunidades incríveis.

E, melhor ainda, seja mais seletivo com a informação que você consome. Busque conteúdos positivos, que eduquem, que motivem, que transformem.

Talvez, ser bem informado signifique informar-se do bem.

ESSE MEDO NÃO É SEU

Apesar de tudo que li a respeito de mulheres viajando sozinha no Oriente Médio, que não era recomendado, que era perigoso, eu segui minha intuição e embarquei sozinha para uma viagem de quase um mês entre Egito, Jordânia e Israel.

O que eu vivi sozinha nessa viagem foi muito especial e pude constatar que nada daquilo que li a respeito correspondia à realidade.

Porque a realidade nada mais é do que o que cada um enxerga com suas próprias lentes. Essas lentes funcionam como filtros, pois contêm as experiências de vida de cada pessoa, os julgamentos, preconceitos etc. Por isso a realidade será diferente para cada um, pois cada um percebe o mundo da sua maneira.

A minha realidade foi totalmente diferente do que li na Internet.

O medo de outras pessoas não precisa ser o seu medo.

Eu me senti segura, me senti acolhida, encontrei pessoas muito boas e que me ajudaram demais.

Cuidado com o que influencia você: o que você vê, ouve, lê, as pessoas que você segue. Você está absorvendo mais do que conteúdo, você está absorvendo formas de ver o mundo.

Se a influência que você recebe é negativa, passará a ver o mundo por lentes negativas.

TALVEZ VOCÊ PERCEBA
QUE POSSA TER MEDOS
QUE NÃO SEJAM SEUS,
QUE ESTEJA PERCEBENDO
O MUNDO POR LENTES
QUE NÃO SÃO SUAS
E INTERPRETANDO
REALIDADES QUE NÃO
PASSAM DE ILUSÕES.

QUAL É A SUA BARREIRA?

Um dia o inglês foi minha barreira para viajar sozinha pelo mundo. Durante muito tempo, acreditei que precisaria de uma companhia que falasse bem inglês para conseguir me virar nos outros países.

Mas a vontade de cair na estrada era tanta que não deixei o inglês me limitar.

Para contornar esse problema, eu comecei viajando sozinha pela América do Sul. Explorei o continente quase todo, mas eu queria mais. Não podia me limitar apenas aos países que falavam espanhol. Queria voar para longe, vivenciar o diferente, o novo e aprender com ele.

Sonhava em viajar pela Ásia, mas não acreditava que seria possível com meu nível de inglês. Eu precisava vencer essa barreira.

Comecei a estudar pela Internet, assistir vídeos no YouTube, fazer anotações no caderninho.

Um ano depois, eu estava com passagem comprada para Ásia e mesmo meu inglês não sendo lá essas coisas tive coragem de ir. Aquela ansiedade pré-viagem bateu forte. Será que vou dar conta? Será que vou conseguir chegar nos lugares? Será que vou entender as pessoas?

A viagem chegou e eu enfrentei todas as minhas dúvidas. Vi que elas não eram tão grandes como eu imaginava na minha cabeça e me surpreendi com o quanto foi fácil me virar nos aeroportos, hotéis e passeios. Fiz amizades mesmo sem saber conversar tão bem. E me dei conta do quanto eu perderia se não tivesse enfrentado essa barreira um dia.

E você, qual a barreira que o impede hoje de buscar seus sonhos?

Seja qual for a sua barreira, saiba que ela só existe porque você a criou na sua mente e só você tem o poder de destruí-la. Não deixe as circunstâncias atuais o limitarem. Faça o que precisa ser feito e comece já.

SÓ VOCÊ TEM O PODER DE MUDAR SUA REALIDADE E ALCANÇAR SEUS SONHOS. FAÇA ISSO POR VOCÊ.

DESCUBRA O PIOR CENÁRIO

Aquilo que lhe dá medo é um sinal do que precisa ser feito. O *surf* me ensina muito. Cada onda grande é uma oportunidade de encarar meus medos. Pegar uma onda trabalha o meu medo do futuro.

Temos medo do que vai acontecer, do que vão pensar, de não sermos aceitos e, assim, não arriscamos e perdemos a oportunidade.

Certa vez, no mar, eu não estava conseguindo superar meu medo de entrar na onda. Quando vinha uma onda maior, eu sentia medo e desistia de tentar.

Até que decidi acreditar e repeti para mim mesma: acredita, você vai conseguir!

Remei com toda minha força e subi na prancha, mas alguns segundos depois eu caí e dei uma cambalhota completa embaixo d'água, ficando um pouquinho de tempo a mais no fundo.

O mais engraçado foi que eu subi rindo muito de tão divertida que foi essa "vaca" (como eles chamam quando a onda o pega de jeito no *surf*).

Imediatamente pensei: "Não foi tão ruim, o máximo que vai acontecer é cair na água de uma forma diferente". E isso me deu coragem de tentar nas próximas ondas. Venci o medo quando percebi que o pior que poderia me acontecer não era tão ruim assim.

Muitas vezes deixamos o medo nos paralisar, superestimamos o que pode nos acontecer quando, na verdade, é tudo uma ilusão. Perdemos a oportunidade de viver algo maravilhoso por medo do que imaginamos que possa acontecer.

Quando você pensa sobre o pior cenário e descobre que ele não é tão ruim assim, o medo vai embora. E mesmo que na sua vida a queda for inevitável, aproveite e dê um bom mergulho.

O PAÍS DO FUTURO

Singapura foi o país mais desenvolvido em que estive na minha vida. Estar lá foi como ter entrado no DeLorean do filme *De volta para o futuro* e desembarcado em uma outra realidade anos depois.

Singapura é um lugar multicultural onde diferentes povos vivem em total harmonia e hoje é considerado o melhor país do mundo para se fazer negócios e trabalhar.

Está entre as dez cidades mais verdes do mundo, mostrando que é possível tecnologia e meio ambiente andarem de mãos dadas.

Uma curiosidade é que o país levou apenas duas décadas para sair do Terceiro para o Primeiro Mundo e seus índices de criminalidade estão entre os mais baixos do mundo, sendo um dos dez países do globo com os menores índices de corrupção. É ou não é a cidade dos sonhos?

Andando pelas ruas de Singapura, me peguei sonhando com uma humanidade melhor. Uma humanidade que deu certo. Agora, quando penso no futuro da humanidade, a palavra que me vem à mente é Singapura.

Quantas vezes nós imaginamos um futuro muito pior para as situações que vivemos?! Se enfrentamos um desafio, logo pensamos nas coisas que podem dar errado sem que elas tenham acontecido ainda.

O medo e a ansiedade aparecem quando imaginamos o futuro muito pior do que ele pode vir a ser. Quando resgato esse pensamento de Singapura para minha vida, eu paro de imaginar um futuro ruim. Eu percebo que posso imaginar a minha situação como uma Singapura e, assim, eu me encho de esperança e não de ansiedade. Eu me encho de fé e não de medo.

O que você pode enxergar na sua vida hoje como uma Singapura?

5
TROQUE A ROUPA DA ALMA

LEMBRE-SE DA SUA MÚSICA

> "Minha essência é inconsciente de si própria
> e é por isso que cegamente me obedeço."
> **CLARICE LISPECTOR**

Quando fiz minha primeira viagem para o continente africano, visitei uma tribo semi-nômade chamada himba. O que mais impressionava era a capacidade de sobrevivência deles no meio daquele ambiente totalmente inóspito que é o deserto seco e quente da Namíbia.

As mulheres da tribo chamavam a atenção pelo tom avermelhado da pele e cabelos, adquirido pelo uso do *otjize*, uma pasta de manteiga, gordura e ocre vermelho, usada para proteger a pele do sol e repelir os insetos.

Eu voltei muito curiosa sobre essas tribos e, em uma das minhas pesquisas sobre tribos africanas, encontrei uma história muito interessante.

A história conta que, quando uma mulher está grávida, as mulheres da tribo se reúnem em uma espécie de ritual e juntas entoam sons e batuques, até que se forme uma música. Essa música passa a ser a música da criança. Quando ela nasce, toda a comunidade canta a sua canção e essa música passa a acompanhar a criança durante toda sua vida, sendo entoada em seus momentos mais marcantes. Mas tem um momento muito interessante em que essa música é tocada. Se, por ventura, essa pessoa cometer um erro grave quando adulto, em vez de ir presa, como em nossa cultura, a tribo novamente se reúne para entoar a sua canção, para lembrá-la de onde ela vem e de quem ela é.

A tribo acredita que, quando você lembra quem você é, você não tem a necessidade de prejudicar ninguém.

Essa linda história é um convite para nós também lembrarmos da nossa música.

Cada um de nós tem a sua própria música. Nossa canção serve para nos lembrar de que somos únicos e que precisamos tocar nossa música para o mundo ouvir. É um convite para sermos a pessoa que nascemos para ser.

E quando tudo estiver difícil, ouvir nossa música resgatará a força que vem da nossa essência.

SUAS PALAVRAS IMPACTAM SUA VIDA

Durante minha passagem por Tel Aviv, em Israel, encontrei uma das melhores amigas da minha irmã, que, morando lá, me recebeu com todo carinho e me mostrou a cidade. Durante nosso passeio pela orla de Tel Aviv, eu comentei várias vezes que meu celular estava muito ruim e que eu queria trocá-lo, mas que sempre adiava. Eu devo ter repetido umas dez vezes, e não é que o celular ouviu? Ele não aguentou chegar nem ao final do dia e parou de funcionar do nada. A tela ficou preta e nunca mais se acendeu.

Eu acredito muito no poder das nossas palavras. Eu falei tanto que aconteceu. Nossas palavras são profecias autorrealizáveis.

E se um celular sente a sua energia e obedece ao que você diz, imagina seu corpo e sua mente. Você é a primeira pessoa a ouvir o que você diz.

O que você tem repetido sobre você? O que você tem dito sobre sua capacidade? O que você fala sobre sua vida? Sobre sua saúde?

Todas as suas palavras têm um impacto profundo na sua vida, no seu corpo, nas suas células. Desde algo simples como dizer: "Estou morto de cansaço" até algo mais cruel como "Eu não sou bom o bastante".

Seu corpo sempre busca ser congruente com seus pensamentos e o que sai da sua boca tem um peso ainda maior.

Cuidado! Fale sobre o que você gostaria que fosse. Não julgue. Que da sua boca saiam palavras de vida e não de morte, tanto para você quanto para os outros e até mesmo para o seu celular.

Para se aprofundar nesse tema, assista:

O poder das palavras.

VIAJE NA MENTE

> "Existem lugares incríveis até em dias sombrios e se não existir, você pode ser esse lugar com infinitas possibilidades."
> **POR LUGARES INCRÍVEIS (FILME)**

Eu fui militar durante quase dez anos, e durante esse período da minha vida, eu aprendi a usar a minha mente para me levar para longe nos momentos mais difíceis.

Passei por vários momentos em que eu não queria estar presente, mas era preciso. Muitos momentos de cansaço e dor durante exercícios de sobrevivência, longas formaturas e vários eventos desinteressantes.

Muitas vezes, precisei fugir do presente para poder suportar a situação. Com isso, aprendi a viajar na mente. Meu corpo estava ali, mas eu estava longe.

Viajar mentalmente me ajudou muito a superar essas dificuldades. Eu tirava o foco da dor e levava a minha atenção para lugares melhores.

Quando você estiver passando por algo bem difícil na sua vida, viaje na sua mente para algum lugar melhor.

Deixe-a guiá-lo até o seu lugar de paz.

RENOVE-SE

Sabe aquela sincronicidade da vida que deixa você perplexo? Aconteceu isso comigo na minha ida à Chichén Itzá, no México. Eu estava na região da península de Yucatán no final de março e um dos passeios imperdíveis na região é visitar o sítio arqueológico de Chichén Itzá, considerado uma das sete maravilhas do mundo.

O local mais importante do complexo é o Templo de Kukulcán, uma pirâmide construída pela civilização maia em 900 d.C. que representa o calendário solar agrícola.

Entre todos os dias que eu poderia visitar esse lugar, fui justamente em uma das épocas mais importantes do calendário. Durante os equinócios de inverno e de verão, os raios solares projetados na pirâmide produzem um efeito de luz e sombra como se fossem uma serpente descendo do céu para a terra.

Para os maias, a serpente era símbolo de renascimento e renovação, devido à troca de pele desse animal. E para representar a abertura e fechamento do ciclo da fartura de alimentos, essa civilização criou esse efeito óptico da serpente na pirâmide.

Descobri isso quando eu estava lá, e poder ver com meus próprios olhos essa engenhosidade foi um dos momentos mais memoráveis das minhas viagens.

Os maias valorizavam muito a simbologia da serpente e os ciclos. Que nós possamos aprender com eles o nosso poder de renascer e nos renovar diante de cada problema, encerrar ciclos velhos para iniciar novos ciclos de abundância em nossas vidas.

VIAJE POR MEIO DA TRILHA SONORA

Fiz uma viagem com amigos pela Costa da Califórnia começando em São Francisco e descendo até San Diego. Foi uma das viagens de carro mais lindas que já fiz. Toda a Rota 66, passando por regiões e cidadezinhas charmosas, como Big Sur, Carmel-by-the-Sea, Monterey e outras cidades mais badaladas como Malibu, Santa Barbara e Santa Monica.

Como passamos muito tempo dirigindo de um lado para o outro, as músicas dessa viagem ficaram bem marcadas e eu as guardo com muito carinho como uma das minhas *playlists* favoritas.

Toda vez que a escuto, consigo sentir a viagem novamente. Os detalhes que marcaram a viagem, os sabores que experimentamos, as boas risadas. Fecho os olhos e vejo aqueles lugares lindos por que passamos.

Uma trilha sonora tem esse poder de mexer com todos os nossos sentidos.

Praticamente fazemos outra viagem acessando essa memória dentro de nós. E o melhor: sem gastar outra passagem.

Ouça a Playlist Vamos Fugir:

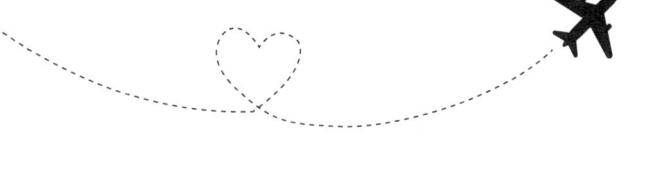

TIRE O SEU PERÍODO SABÁTICO

Na Bolívia, eu e minha irmã fizemos um passeio de três dias pelo deserto de Uyuni, o maior deserto de sal do mundo. O lugar é surreal, uma imensidão branca que chega a ofuscar a vista de tão brilhante. Quando chove, a água da chuva forma um espelho d'água que reflete o céu e você sente que está andando nas nuvens.

Fizemos esse passeio em uma caminhonete com mais quatro israelenses.

Conversamos muito nessa viagem e rapidamente ficamos amigos.

Uma das coisas que mais me impressionaram foi saber que a maioria deles, depois de cumprir o serviço militar obrigatório, tira um ano sabático para viajar o mundo e só depois decide o que vai fazer da vida, que faculdade escolher, que carreira seguir.

Achei essa atitude muito inteligente, já que viajar o mundo amplia nossos horizontes e nos faz ter mais clareza de quem somos e do que queremos da vida.

Já no Brasil, precisamos escolher o que vamos fazer pelo resto da vida com 18 anos, mais ou menos, sem ter essa bagagem de vivência e de autoconhecimento. É por isso que muitos começam uma faculdade e desistem. Estão perdidos ainda sem saber quem são e o que querem.

Por que não tiramos um período sabático antes dessas decisões importantes? Não precisa ser um ano viajando o mundo. Pode ser um final de semana buscando se conhecer melhor, pensando no que ama fazer, se fazendo perguntas sobre o que faz seus olhos brilharem.

Só quando tirarmos um tempo para nos conhecer melhor, poderemos ter certeza das decisões que tomamos.

NOSSOS TALENTOS SÃO NOSSA FORÇA

Durante minha viagem pelo Sudeste Asiático, o país que mais me impactou foi o Vietnã. Foi o lugar em que eu me senti mais viva, no meio do seu vibrante caos organizado e do seu povo guerreiro, que ainda hoje luta para superar as dores da guerra.

O que eu mais gostei de fazer por lá foi andar pelas ruas e observar o cotidiano deles, aquelas centenas de motos cruzando as avenidas de todos os lados sem muita regra definida, mas que no final dava certo. Era muito louco atravessar a rua no meio dos carros e motos, pensei que seria atropelada várias vezes.

Em cada esquina tinha uma senhorinha fazendo o tradicional *búnchá* na calçada, uma sopa deliciosa e inconfundível. Não sei como elas conseguiam preparar aqueles pratos ali na calçada, mas eram muito saborosos.

Impossível não lembrar também o café servido com muito leite condensado, delicioso!

Um dos programas imperdíveis em Saigon é visitar o Museu das memórias da Guerra, que mostra a Guerra do Vietnã sob a óptica dos vietnamitas (por lá eles chamam de Guerra dos Estados Unidos). Lá eu vivi um encontro muito especial com um modelo de um helicóptero Bell H-1H, o mesmo helicóptero que pilotei quando era militar. Sobrevoamos juntos quase todo o litoral do Brasil e realizamos muitas missões na Amazônia. Ainda consigo ouvir o som inconfundível do seu rotor. Quantas lembranças esse encontro me trouxe!

Outro lugar que visitei no Vietnã foi o Cu Chi tunnels, o maior e mais famoso conjunto de túneis de guerra, utilizados pelos vietcongues na Guerra do Vietnã. O mais incrível é que os túneis foram feitos apenas com enxadas, sem utilizar nenhuma tecnologia.

Esses túneis foram muito eficazes na guerra, pois eram muito estreitos e baixos, o que dificultava a entrada dos norte-americanos. Já os vietnamitas tinham vantagem por serem mais baixos e magros.

Quando sabemos quais são nossos pontos fortes, podemos usá-los a nosso favor. Assim como os vietcongues usaram a vantagem de serem menores que seus inimigos para vencer a guerra, nós podemos usar nossos talentos para superar as dificuldades da vida.

RETIRE A SUA CAMADA DE ARGILA

A Tailândia sempre foi meu sonho de consumo pelas praias paradisíacas, mas o que eu não imaginava era o quanto eu me surpreenderia com a sua cultura. Em Bangkok, visitei vários templos milenares e um deles me chamou a atenção por sua história fantástica: o Wat Traimit, onde fica o Buda de Ouro – uma escultura de quase 4 metros e 5,5 toneladas, que vale cerca de US$ 200 milhões de dólares.

Mas esse Buda de Ouro ficou anos encoberto de argila para evitar que fosse saqueado durante um ataque. Os moradores simplesmente esqueceram que ele era feito de ouro e o tempo passou. Só em 1957, durante uma mudança de um mosteiro para outro local, foi que, ao transportar o Buda gigante de argila, perceberam uma rachadura e começaram a tirar as lascas do Buda até notar que ele era todo de ouro.

Assim como o Buda de Ouro, muitas pessoas passam uma vida inteira sem descobrir seu real valor. Vivem cobertas de argila, guardando dentro de si um tesouro valiosíssimo.

E eu lhe pergunto: se o ouro é valioso porque é raro, você que é único vale quanto?

Seu valor é inestimável. Você foi comprado com preço de sangue. Você vale tanto que Jesus preferiu morrer na cruz por você do que viver sem você.

Permita que Jesus remova sua camada de argila para que você se enxergue como Ele o enxerga.

Só assim você vai descobrir seu verdadeiro valor.

NÃO SE TRATA DA MONTANHA

Durante um período da minha vida, eu fiquei obstinada por subir montanhas. Fiz quase todas as trilhas do Rio de Janeiro: pedra Bonita, morro Dois Irmãos, pedra do Telégrafo e até a temida pedra da Gávea.

Viajei para trilhar montanhas pelo Brasil, subi o pico da Bandeira e o emblemático monte Roraima.

Subi montanhas na Patagônia e vulcões no Chile.

Por muito tempo, eu não sabia exatamente o motivo, mas hoje eu entendo o que eu precisava aprender.

Eu precisava aprender a me superar a cada subida para sentir o prazer da conquista de cada pico.

Aprender a dizer não para a dor física e perceber que a nossa mente tem o poder de nos levar até onde desejamos, mesmo quando as pernas pedem para parar.

A mergulhar nos meus pensamentos e me questionar sobre o que quero da vida.

A me dar tempo para ouvir meus anseios e entender o que meu Eu realmente precisava.

A vislumbrar a linha de chegada sem me esquecer de desfrutar do caminho.

A relembrar o meu potencial ao superar cada quilômetro percorrido.

A comemorar as pequenas vitórias.

A não carregar nas costas peso demais.

Aprender que, quando estou cansada, posso fazer uma pausa para descansar e não que preciso desistir.

E que não precisamos de muita coisa para ser feliz, na verdade, nossas necessidades básicas são bem simples: água, comida e abrigo.

VAMOS FUGIR

A valorizar a riqueza que é tomar um banho, comer uma comida quentinha e ter um cantinho para dormir.

Que a beleza da vida está na simplicidade das coisas como admirar um pôr do sol.

Porque eu entendi que você só cresce quando se desafia.

Não é a montanha que conquistamos, mas a nós mesmos.

CIDADE DOS ANJOS

Em 2019, tirei férias com um objetivo diferente: participar de um treinamento do Tony Robbins, um estrategista de vida muito conhecido lá fora (do documentário *Eu não sou seu guru*, no Netflix).

A energia de 14 mil pessoas juntas, somada à potência da voz do Tony, era algo surreal. Um dos aprendizados que mais me marcou lá dentro foi sobre os fatores que influenciam nosso estado emocional e como nós podemos mudar de estado com um estalar de dedos.

Foi essa alteração de estado que nos fez atravessar uma esteira de brasas sem queimar os pés.

Eu não saí de lá a mesma pessoa. Quando eu andava pelas ruas de Los Angeles, eu sentia que todo mundo estava me olhando e sorrindo para mim. Meu estado era de plenitude, de gratidão e de euforia.

Foi uma das viagens mais transformadoras que eu fiz. Toda viagem tem o poder de nos transformar e de nos desenvolver como pessoa, mas quando a viagem tem como objetivo um treinamento em que você aprende técnicas, estuda com profundidade e faz exercícios, o resultado se potencializa.

Faça uma viagem, um retiro ou um curso de desenvolvimento pessoal. Invista na sua melhoria constante. Esse, sem dúvida, será o seu melhor investimento.

Para se aprofundar, assista:

3 formas de se sentir bem.

O QUE EMPODERA VOCÊ?

Você consegue se lembrar da última vez em que se sentiu empoderado(a)? Com a autoconfiança lá em cima? Um momento muito marcante para mim foi quando esquiei pela primeira vez.

A coragem de me lançar em um novo desafio, superando o medo inicial, me trouxe uma sensação de autoconfiança e poder. Descer uma montanha em um *snowboard* me fez me sentir viva.

Enquanto manobrava pela neve sentindo o vento gelado no rosto e o controle nos meus pés, me senti forte e capaz.

À medida que ganhava velocidade, sentia mais energia e vigor.

Ao desafiar meus próprios limites, sentia a adrenalina correndo nas veias.

Rodeada por aquele cenário extraordinário, respirando fundo o ar puro, meu corpo entrava em pura sintonia com a minha mente.

Sempre que preciso melhorar minha autoconfiança para alguma situação que estou vivendo, lembro esse dia e revivo essas sensações na minha mente e corpo. Eu me imagino descendo a montanha e me sinto empoderada de novo.

Busque fazer algo que o empodere. Experimente coisas novas. Descubra o que lhe traz sensações de bem-estar. Crie memórias recheadas de sensações boas para que você possa acessá-las novamente quando precisar e quando quiser.

CRIE SUAS OPORTUNIDADES

Mexendo no meu armário, encontrei uma barraca transparente que comprei em Lethen, uma cidade da Guiana Inglesa que faz fronteira com Boa Vista, Roraima. A barraca ficou guardada quase três anos e eu ainda não tinha tido a oportunidade de usar. Com a barraca em mãos, comentei com a minha filha que eu tinha muita vontade de acampar com ela e que na primeira oportunidade nós acamparíamos juntas.

Naquele momento, ela falou: "Vamos acampar agora?".

E eu respondi: "Por que não?".

Ela nem acreditou que eu tinha aceitado e ficou empolgadíssima. Começamos a montar a barraca juntas e ela estava radiante.

E assim acampamos pela primeira vez na varanda, sem precisar sair de casa. E foi uma das coisas mais legais que fizemos juntas. Dormimos olhando para a lua e acordamos vendo o sol nascendo.

Acampar na varanda me ensinou várias coisas. Eu aprendi a observar o céu todos os dias. Aprendi que eu não preciso viajar para um lugar maravilhoso para só então olhar o céu. Acampar na varanda me fez perceber que eu posso fazer pequenas pausas no meu dia, me deitar no chão e contemplar a beleza da natureza.

Quantas vezes adiamos nossos sonhos esperando a oportunidade perfeita, quando na verdade a oportunidade está diante de nós todos os dias!

Não espere pela oportunidade, crie sua oportunidade.

Para se aprofundar nesse tema, assista:

Acampar na varanda e aproveitar as oportunidades.

ELIMINE O LIXO VIRTUAL

A capital de Myanmar, Yangon, foi uma das cidades mais sujas em que já estive. Não sei se devido ao fato de que eu precisei tirar os sapatos muitas vezes para entrar nos templos e fiquei com o pé preto ou se foi pelo nojo de ver os homens cuspindo toda hora no chão uma erva vermelha esquisita. O fato é que saí de lá com a impressão de ter atravessado um lixão. E, para completar, tive que enfrentar um ônibus noturno até Bagan sem banho.

A sujeira é algo que incomoda, mas o maior problema está na sujeira que não vemos. Falo da sujeira com que alimentamos nossas mentes.

Consumimos tanto lixo virtual que nos tornamos um depósito de pensamentos e sentimentos negativos. E depois não sabemos por que nos sentimos desanimados, por que as coisas não dão certo.

Tudo aquilo que vemos, ouvimos e lemos fica no depósito do nosso inconsciente (e isso vale para aquela televisão ligada que você acha que não está nem vendo, mas seu inconsciente está captando tudo) e influencia diretamente a forma como pensamos e nos comportamos, porque pensamentos geram sentimentos e sentimentos geram ação.

Por isso, preste mais atenção à qualidade do conteúdo que você assiste na televisão, às pessoas que você acompanha nas redes sociais, às letras das músicas que você escuta, às conversas que você tem, aos ambientes que você frequenta.

Nós vibramos na frequência daquilo que entra pelos nossos canais perceptivos.

Tudo o que vemos, assimilamos, seja consciente ou inconscientemente.

E quando assimilo, eu vibro na mesma frequência porque semelhante atrai semelhante. Nosso cérebro é receptor e emissor, então quando eu vejo violência, eu assumo a frequência da violência; quando eu vejo traição, eu assumo a frequência da traição; quando eu vejo paz, eu assumo a frequência da paz.

Aquilo que eu vejo, eu acredito e o que eu acredito eu replico, porque eu me tornei a vibração daquilo em que eu acreditei.

Então pense em como é ruim se alimentar de conteúdos que mostram brigas, mortes, traição, tristeza, abandono, desgraças, fofocas e notícias ruins. Todos esses conteúdos interferem na frequência em que você vibra e alteram a sua realidade.

Seja mais seletivo com as informações que você fornece para a sua mente.

Consuma conteúdos que edificam, que ensinam, que alegram.

No lugar de ver notícias, veja algum vídeo motivacional.

No lugar de ouvir "sofrência", que só vai deixá-lo para baixo, ouça músicas com letras bonitas, que animam, que alegram.

No lugar de filmes de terror, assista a filmes inspiradores ou comédias que o façam sorrir.

Há mais de dois mil anos, esse já era o conselho de Paulo aos filipenses: "Tudo o que é verdadeiro, tudo o que é honesto, tudo o que é justo, tudo o que é puro, tudo o que é amável, tudo o que é de boa fama, se há alguma virtude, e se há algum louvor, nisso pensai".

Para se aprofundar nesse tema, assista:

Como lidar com pensamentos negativos.

DESCUBRA SUA RIQUEZA

Dubai é uma cidade que impressiona. É lá que está o edifício mais alto do mundo, o Burj Khalifa e ver toda a cidade do alto dos seus 240 andares é de tirar o fôlego. Passei apenas 24 horas na cidade, mas foi o suficiente para sair de lá impactada por sua riqueza. A cidade é limpa, organizada, tudo funciona muito bem. Mas o que mais me impressionou em Dubai foi outro tipo de riqueza: a sua incrível história, da qual nós podemos tirar valiosas lições.

Essa Dubai que conhecemos hoje, moderna e rica, há apenas 50 anos era só um vilarejo de pescadores que comercializava pérolas. Em 1966, eles descobriram que no solo existia petróleo, bem na época do pós-guerra, quando o mundo precisava muito de combustível. Três anos mais tarde, Dubai já estava exportando seu petróleo e, assim, tornou-se o que é hoje.

Dubai sempre teve aquela riqueza dentro dela, mas ainda não tinha percebido.

Quando Dubai encontrou seu petróleo, ela deixou de ser um deserto a que ninguém dava nada, para se transformar em um lugar onde pessoas do mundo inteiro querem morar.

Assim somos nós. Muitas vezes somos uma Dubai que ainda não encontrou o seu petróleo. Somos uma vila de pescadores vendendo pérolas, sentados sobre uma riqueza inexplorada.

Temos um potencial de riqueza enterrado dentro de nós, mas ainda não sabemos disso e então continuamos vivendo uma vida abaixo da nossa capacidade.

O que você vai fazer para desenterrar essa riqueza dentro de você e viver todo o seu potencial?

Para se aprofundar nesse tema, assista:

Descubra sua riqueza.

VOCÊ POSSUI UM POTENCIAL IMENSO DENTRO DE SI, BASTA EXPLORAR SEU SOLO, EXTRAIR ESSA RIQUEZA E MOSTRAR AO MUNDO SEU VALOR.

CADA UM TEM A VISTA DA MONTANHA QUE SUBIR

Em Petra, Jordânia, fiz uma trilha até o local mais alto, de onde era possível ter uma vista incrível de todas as ruínas. Mas ter essa vista de Petra tem seu preço. Chegar lá não é fácil, é preciso enfrentar uma trilha de uma hora, em uma subida de 800 degraus.

Só que algumas pessoas lá em Petra tentam vender uma forma mais fácil de chegar lá, em cima dos pobres burrinhos, que são explorados sem a menor cerimônia.

Eu perdi a conta de quantas vezes fui abordada por eles e desencorajada a ir caminhando. Diziam que era muito longe, muito cansativo, muito demorado e que a melhor forma de chegar lá era com os burrinhos.

Como eu gosto de fazer trilha, recusei todas as ofertas, mas um turista desavisado pode ceder ao pedido do insistente vendedor, como vi algumas pessoas com ótimas condições físicas subindo na garupa dos bichinhos.

Mas além de ser um desrespeito aos animais, eu acho que cada um que deve subir com suas próprias pernas.

E eu amo fazer trilha exatamente pela sensação de superação que me proporciona. Eu cheguei lá, eu me esforcei, depositei ali o meu suor.

Se você não faz o esforço por você mesmo, não dá o mesmo valor para a conquista. É preciso ter o desejo de se superar, para então receber a recompensa da bela paisagem.

Assim é na vida, muitas vezes não valorizamos o que recebemos de mão beijada e o perdemos rapidamente. Já o que conquistamos com nosso próprio esforço tem o sabor de merecimento e saberemos dar-lhe o devido valor.

SE AQUILO QUE VOCÊ DESEJA PARA SUA VIDA EXIGE MUITO DO SEU ESFORÇO, É SINAL DE QUE A RECOMPENSA SERÁ GRANDE.

O QUE VALE A PENA VER DE NOVO?

Uma foto me faz viajar. Voltar no tempo. Vejo uma foto de um barco, em um dia ensolarado, em um mar tão azul que ofusca a vista. Fecho os olhos e viajo de volta para esse instante. Estou nesse barco, sinto a brisa, vejo o mar. Permito-me sentir a paz daquele momento e a gratidão por estar ali.

Percebo que eu posso voltar a sentir isso sempre que eu quiser, pois esse momento faz parte de mim, das minhas memórias arquivadas. O que você viveu ninguém rouba.

Mas por que insistimos em voltar apenas às memórias ruins e que nos fizeram sofrer?

Escolha melhor que cenas da sua vida valem a pena ver de novo.

Volte aos momentos marcantes da sua vida, aos capítulos alegres, aos lugares especiais por onde passou, às suas conquistas.

E deixe seu corpo sentir todas as emoções positivas novamente.

Para onde você gostaria de voltar agora mesmo?

Para se aprofundar nesse tema, assista:

Vale a pena ver de novo?

NÃO É TARDE DEMAIS

> "Nunca se é velho demais para estabelecer um novo objetivo ou ter um novo sonho."
>
> **C. S. LEWIS**

Eu amo andar de bicicleta, sempre que visito um lugar tento explorar suas ruas de *bike*. Adoro a liberdade de desbravar o local com as minhas próprias pernas. A bicicleta já me levou pelo circuito chico em Bariloche e pelo bosque de Arrayanes, na Argentina; pela estrada da morte, na Bolívia; pelas praias de Favignana, na Sicília; pelas ruas do Vietnã; pelos templos de Bagan; pelas trilhas da serra do Cipó, em Minas Gerais.

Essa última foi uma viagem com amigos; uma das meninas do grupo não sabia andar de bicicleta e perdeu o passeio mais legal de todos.

Fiquei pensando muito nela durante o passeio. Por que será que ela nunca aprendeu a andar de bicicleta? Será que ela não teve oportunidade? Será que ela não quis? Eu me perguntava isso, pois queria muito que ela pudesse sentir o que nós sentimos naquele dia pedalando todos juntos, desbravando novos caminhos, enfrentando a lama, sentindo o vento no rosto.

Quantas vezes não aprendemos algo por acharmos que não temos mais idade para isso, que já estamos velhos demais?! Mas não estamos.

Hoje você é o mais jovem que será em toda a sua vida. Então levante-se do sofá e vá fazer aquela faculdade, vá aprender aquele esporte, entre na aula de canto, faça aquele intercâmbio!

NÃO É TARDE DEMAIS. SOMOS ETERNOS ALUNOS NA UNIVERSIDADE DA VIDA.

VOCÊ NO CONTROLE

Todos nós temos problemas e está tudo bem ficar triste, chateado.

Mas você não precisa – nem deveria – se demorar nesse estado. Tenha seus próprios meios para sair dele o mais rápido possível.

Se tem algo que muda meu estado é praticar algum esporte na natureza. Se for no mar, então, a mudança é instantânea.

Quando estou ali, eu apenas sou. E percebo o quanto eu tenho a agradecer. E quão pequenos são os nossos problemas.

Quando eu vejo, não sobrou nada para contar história. E tudo fica em paz.

É ótimo saber o que nos faz bem. Você pode recorrer a isso sempre que precisar.

Pode ser um esporte, um *hobby*, ler um livro, escrever, ver um filme inspirador.

Ao invés de se jogar na comida, bebida ou outros vícios, procure atividades saudáveis e positivas que lhe façam bem.

Faça uma lista das coisas que mudam seu humor para tê-la sempre em mãos.

Você pode escolher como quer se sentir. Isso é estar no controle.

Para se aprofundar nesse tema, assista:

Como se sentir bem.

RECONECTE-SE

Eu sou completamente apaixonada pela natureza. Meus destinos preferidos são aqueles nos quais consigo estar imersa de muito verde, mar, cachoeira, montanhas. A natureza é o lugar onde encontro meu equilíbrio. Sentir a areia tocando meus pés, o sol aquecendo meu rosto, ouvir o barulho do mar – tudo isso me reconecta comigo mesma.

Quando estou ali ouvindo apenas o silêncio, consigo experimentar a paz. A natureza é a melhor expressão da criação de Deus. Já dizia o salmista que "os céus declaram a glória de Deus; o firmamento proclama a obra das suas mãos".

É impossível não ficar admirado com a grandeza de Deus vendo o sol nascer, olhando a imensidão do mar, ouvindo os sons da natureza. E isso nos enche de energia, nos conecta com a vida, com o poder de Deus.

O problema é que com tantas formas de distrações, excesso de informação, as pessoas se desconectaram totalmente da natureza e de si mesmas.

Passamos cada vez mais tempo atrás das telas e menos tempo ao ar livre. Esquecemos dos benefícios que uma simples caminhada na natureza nos traz. Um momento no qual podemos apenas ser.

Não perca essa conexão com a natureza. Às vezes, tudo o que você precisa é passar mais tempo com ela.

Para se aprofundar nesse tema, assista:

Como ter mais energia.

EU VEJO VOCÊ

> "Amar é desconectar-se um segundo do seu 'eu' e notar a presença do outro."
> **NEUZA COELHO**

Certa vez, em um jantar entre amigos, um deles, que morava na Suíça, me ensinou como é feito o brinde naquele país.

O brinde é feito um por um e, ao brindar, a pessoa olha nos olhos da outra e cada um diz a palavra *Prost* seguido do nome do outro a quem se está brindando: "*Prost*, fulano!" ("Saúde, fulano!"). O brinde é uma forma de reconhecimento da presença do outro ali.

Eu achei esse brinde tão interessante e acolhedor, que fiquei pensando: quantas vezes nós nos sentimos como fantasmas despercebidos em uma festa, evento, jantar ou trabalho? Ninguém nota nossa presença, ninguém vem falar com a gente.

Isso me fez perceber a tamanha grosseria que é não olhar o outro nos olhos. Principalmente aquela pessoa que nos serve de alguma forma, um garçom, um porteiro, um atendente.

O brinde suíço me ensinou a praticar a atenção no outro e dizer para ele: EU VEJO VOCÊ! Eu percebo a sua presença! Você é bem-vindo aqui! Que bom que você veio!

Muitas vezes, isso é tudo de que precisamos.

QUAL É A SUA TRIBO?

Certa vez, fiz uma *surf trip* com um grupo de mulheres para Itamambuca, no litoral de São Paulo, que foi uma das viagens em grupo mais legais que já fiz.

Passamos um final de semana em uma casa de praia, acordando cedo para ver o sol nascer, fazendo aulas de *surf* e outras atividades como ioga, funcional e trilhas na natureza.

Algumas meninas eram iniciantes no *surf*, outras já tinham experiência, mas todas tinham algo em comum: histórias de amor com o mar.

Foi um final de semana de muito aprendizado, surfando juntas, dando risadas, uma incentivando a outra, as mais experientes dando dicas para as iniciantes, tudo em um clima superdescontraído e confortável.

E, mais do que um grupo que surfa junto, o que eu senti ali foi um lugar de troca, encorajamento, união, apoio, acolhimento e cumplicidade.

É muito bom ter uma zona segura, onde você pode mostrar seus medos e receber apoio.

Estar junto de pessoas que gostam das mesmas coisas que você, que o apoiam e o incentivam nos faz bem e nos enche de energia.

O *surf* é só um exemplo, você pode encontrar seu ambiente confortável em diversas outras atividades.

Encontre sua tribo, esteja junto de pessoas que o coloquem para cima, que torçam por você, que compartilhem do mesmo objetivo e que o façam crescer.

Onde você se sente assim?

QUAL É A SUA MOLDURA?

> "Não vemos as coisas como elas são,
> vemos as coisas como somos."
>
> **ANAÏS NIN**

Uma das coisas mais legais que fiz em Petra foi subir uma trilha até um monastério, uma rota que abrange toda Petra até o ponto mais alto das ruínas, de onde é possível ter uma vista da cidade inteira. A subida foi longa, mas valeu o esforço. Explorando o local, encontrei uma gruta com uma abertura que formava uma moldura perfeita para a imponente fachada do mosteiro.

Tirei uma foto da moldura com a fachada do mosteiro ao fundo e depois voltei para a trilha. Mais tarde, olhando essa foto, pensei em como ela só representava uma pequena parte daquele lugar.

Se eu a mostrar para alguém, essa pessoa não terá a percepção completa da paisagem, porque a moldura enquadrou apenas uma parte dela, a parte que eu escolhi fotografar.

Mas nós não podemos esquecer que, fora da moldura, tem a paisagem inteira.

Assim acontece conosco: cada pessoa enquadra em uma moldura o mundo que escolheu ver, seja porque foi ensinada a ver dessa forma, seja porque aprendeu com suas experiências, seja pelas coisas em que acredita.

Quando a gente entende que cada um tem a sua própria moldura, paramos de querer que todos vejam o mesmo quadro que nós vemos.

A gente para de querer impor nossas vontades e nossos pontos de vista aos outros. Conseguimos perdoar, não porque somos superiores, mas porque corrigimos nossa percepção sobre o que aconteceu e passamos a considerar o que o outro estava vendo naquele momento.

Precisamos parar de ver apenas o que está delimitado pela nossa própria moldura e buscar outras formas de olhar. Considerar mais a moldura de quem está do nosso lado e até mesmo trocar nossas molduras antigas por novas.

Há uma frase de Florbela Espanca que diz "a vida é sempre a mesma para todos: rede de ilusões e desenganos. O quadro é único, a moldura é que é diferente".

CERQUE-SE DE PESSOAS QUE O FAÇAM SORRIR

> "O segredo, querida Alice, é rodear-se de pessoas que te façam sorrir o coração. É então, só então que estarás no país das maravilhas..."
>
> **CHAPELEIRO MALUCO**

Na última noite da minha viagem por Israel, eu me diverti mais do que na viagem inteira. Estávamos em um grupo de amigos que conhecemos no *hostel*, dois brasileiros superdivertidos que estavam fazendo um intercâmbio de medicina em Tel Aviv e a Aninha, amiga da minha irmã, que mora lá.

Andávamos na rua rindo muito das bobeiras que os meninos falavam, um deles era o sósia do personagem Professor, da série *La casa de papel*, e o outro era um comediante em pessoa. E a Aninha, que é uma menina super alto-astral e parceira. Foram as melhores companhias que tive nessa viagem.

Eu nunca ri tanto como nesse dia. A energia dessas pessoas e a alegria que compartilhamos naquele dia me acompanharam durante a minha viagem de volta para o Brasil.

E eu lembrei o quanto é bom estar perto de pessoas que o fazem rir.

Cerque-se de pessoas que o façam sorrir.

Caia na gargalhada, brinque mais e divirta-se com mais frequência.

Use esse remédio sem moderação.

BONS EXEMPLOS

> "Nenhum ato de bondade é pequeno.
> Todo ato cria uma onda cuja lógica é não ter fim."
> **SCOTT ADAMS**

Uma prática muito bonita dos israelenses é colocar na calçada coisas para doação, desde roupas, sapatos, comida até móveis de casa. Enquanto eu e meus amigos voltávamos para o *hostel*, nos deparamos com vários pontos com essas doações. Muita coisa em bom estado, tudo bem disposto em sacolas plásticas na calçada para quem quiser pegar.

Eu, que amo um brechó, fiquei tão feliz quando vi aquelas roupas ali sendo doadas, que aproveitei para garimpar alguma coisa e achei até blusa com etiqueta! Nós nos divertimos muito escolhendo as roupas e esse foi um dos momentos mais divertidos desse dia.

Uma das doações que mais me chamou a atenção foi como um restaurante deixou uma comida fresquinha muito bem embaladinha no banco da calçada. E não era uma comida qualquer, não, era uma embalagem de *homus* da melhor qualidade ali na rua! Fiquei tão impressionada com essa atitude, com essa preocupação genuína com o próximo, até no detalhe da embalagem. Foi algo tão bonito de se ver e eu fiquei pensando como seria bom se cada país copiasse os melhores exemplos dos outros países.

Que possamos pensar mais no próximo e transformar cada pequena atitude em oportunidades para gentileza.

SEJA ALGUÉM IMPOSSÍVEL DE SER APAGADO

Uma das histórias mais interessantes que aprendi no Egito foi a de Hatshepsut, uma das únicas mulheres a se tornar faraó, que governou o Egito por 20 anos, realizando grandes obras em seu reinado.

Se ainda hoje as mulheres lutam pela igualdade, imagina naquela época. Não era comum uma mulher assumir o posto de faraó no antigo Egito. Durante seu governo, o país viveu um tempo de muita prosperidade e paz.

O mais curioso é que sua história só foi descoberta recentemente, porque os outros faraós que vieram após Hatshepsut tentaram apagar o nome dela da história. Eles tentaram tirar o crédito de seus feitos destruindo tudo que tinha a imagem dela.

Felizmente, seus feitos foram tão grandiosos que foi impossível apagar tudo e sua história veio à tona anos depois.

Conhecer a história de Hatshepsut me fez perceber que quando nossos feitos deixam marcas grandes o suficiente, eles são impossíveis de serem apagados. Nosso legado é o nosso maior dever. É aquilo que fica depois que formos embora.

Quando pensamos em legado, normalmente pensamos em algo grandioso e extraordinário, mas não precisa ser nada disso. Seu legado é a marca que você está deixando nas pessoas ao seu redor, com seu olhar, com sua escuta ativa, com seu ofício, com seu amor, com uma palavra de apoio, com um elogio.

Que marca você está deixando nas pessoas que passam na sua vida? Se você morrer, você fará falta? Se a resposta for não, o que você pode fazer para começar a responder sim a essas perguntas?

SEMPRE DÊ O MELHOR DE SI

O topo do monte Roraima é algo diferente de tudo que você já viu, com diversas formações rochosas inusitadas e o solo todo irregular. Você sente que está pisando em outro planeta, andando por cima de pedras e desviando dos charcos. Os "hotéis" do monte Roraima são abrigos nas rochas onde montamos nossas barracas para ficarmos protegidos da chuva e do vento. Nós tivemos a oportunidade de ficar em um hotel novo, aberto especialmente para o nosso grupo.

Os guias venezuelanos levaram ferramentas para tirar a areia e abrir espaço para montar as barracas. E foi incrível observar como eles trabalham duro e fazem tudo com a maior boa vontade.

O trabalho é pesado, cansativo, mas mesmo cansados eles estavam sempre com um sorriso no rosto e dando o seu melhor pelo nosso bem-estar, fosse no preparo das refeições, que eram deliciosas, ou na hora de servir um café ou um chocolate quente para amenizar o frio, ou ainda nas conversas sobre suas incríveis histórias de vida.

Aprendi muito com esse povo guerreiro e batalhador, que sobrevive em meio às dificuldades do país fazendo um trabalho digno e honesto.

Que nós possamos aprender com os guias do monte Roraima, que estar cansado não seja desculpa para tratar alguém com ignorância, que estar estressado não justifique a nossa impaciência, mas que com nossa alegria e motivação possamos levar algo positivo para cada um que cruzar nosso caminho.

DIGA NÃO AO TURISMO DE EXPLORAÇÃO

Logo que comecei a viajar sozinha para outros países, fui para o México e lá fiz um passeio com golfinhos em Isla Mujeres. Chegamos a um parque bonito, com piscina, restaurante, recebemos as orientações sobre o que aconteceria, colocamos os coletes e fomos para o local onde os golfinhos estavam, uma espécie de piscina natural no mar.

Enquanto aguardava na fila, fiquei observando os golfinhos repetirem os mesmos gestos, com cada pessoa diferente. Primeiro a pessoa levanta a mão para o golfinho pular, depois prepara o rosto para receber o beijo do golfinho e, por último, o esperado nado segurando o golfinho. Enquanto isso, fotógrafos a postos registrando tudo. Ver aquilo me incomodou. Foi ali que a ficha caiu para mim.

Eu me perguntei: por que estou fazendo isso? Não pode estar certo. Senti-me muito mal depois disso e prometi nunca mais compactuar com a exploração animal.

E em várias outras viagens tive a oportunidade de dizer não a essa exploração. Na Tailândia, decidi que não iria andar com os elefantes, um passeio muito comum e muito procurado por lá. Mesmo nos chamados santuários, que dizem resgatar os elefantes mais vulneráveis que sofreram abuso, eu não quis arriscar porque nem todos são confiáveis.

Mas na África foi diferente. Pude experimentar um turismo que envolve animais sem explorá-los. Na Namíbia, fiz um safári no Etosha National Park, uma reserva natural onde os animais vivem livremente em seu *hábitat* sem interferência humana. Ficamos dois dias fazendo safári pelo parque e vimos muitos animais selvagens, como rinocerontes, leões, elefantes, girafas, zebras, hienas e muitas aves. Um lugar incrível onde a vida selvagem é o maior espetáculo.

Ali no carro, não interferimos, não falamos alto, éramos apenas observadores da vida acontecendo ali na nossa frente.

É aí que mora a magia. Ver os bichos soltos na natureza e não presos fazendo coisas que não são da sua natureza.

Diga não ao turismo de exploração animal!

JAPÃO E UMA AJUDA INUSITADA

> "Onde quer que haja um ser humano,
> haverá oportunidade para gentileza."
> **SÊNECA**

Em 2016, fui ao Japão em uma viagem de 14 dias pelo país. Do aeroporto de Tóquio, pegamos o metrô e descemos na estação indicada pelo anfitrião do apartamento reservado no Airbnb. Encontramos o endereço, mas não conseguimos falar com ninguém para abrir o portão.

Era a primeira vez que eu reservava um apartamento no Airbnb e ainda não estava familiarizada com esse procedimento. Eu ainda não tinha Internet nem *chip* local para fazer uma ligação e tentar contato com o anfitrião do apartamento.

Enquanto estávamos parados no meio da rua pensando no que faríamos, um senhor parou ao nosso lado e perguntou se precisávamos de ajuda.

Dissemos que precisávamos de Internet ou então ligar para o dono do apartamento. Ele prontamente fez a ligação do próprio celular e indicou ao anfitrião o nosso local para que ele pudesse vir nos buscar pessoalmente.

Entramos em um restaurante para esperar por ele e pedimos uma água e uma coisinha para beliscar.

De repente, o garçom nos aborda e diz que aquele senhor deixou um dinheiro para gente. Olhamos para a porta e só o vimos acenando de longe e indo embora.

Ficamos sem reação. Como pode um desconhecido já ter nos ajudado tanto ao parar e oferecer ajuda, ligar e combinar com o anfitrião, resolver um problemão nosso e ainda deixar um dinheirinho? Esse era um Japão que estávamos começando a conhecer, porque, depois disso, muitas outras pessoas assim cruzariam nosso caminho. Pessoas que nem falavam inglês, mas que tentavam nos ajudar de qualquer jeito com mímicas e gestos. Pessoas que paravam simplesmente porque viam nossa cara de dúvida olhando o mapa e se ofereciam para mostrar o local. Pessoas que se importam com o outro sem querer nada em troca.

Só sei que esse dinheiro foi o que nos salvou sem sabermos. Tínhamos esquecido de tirar dinheiro local na chegada ao aeroporto e esse restaurante não aceitava cartão de crédito. E o dinheiro deu para pagar a conta certinha e ainda sobrou.

Percebi o cuidado que Deus tem conosco de colocar pessoas no nosso caminho para nos lembrar: ei, estou aqui cuidando de você!

Quantas vezes Deus gostaria de usar nossas atitudes para ser essa voz no ouvido de alguém?!

Mas andamos na rua sempre muito apressados e não olhamos para quem cruza nosso caminho.

Algumas vezes até percebemos que uma pessoa precisa de ajuda, mas continuamos andando, afinal, alguém vai parar e ajudar, eu estou muito ocupado agora.

E assim, vivemos nossas vidas e perdemos a chance de fazer a diferença na vida de outra pessoa.

Ao nosso amigo que nos salvou duas vezes no Japão, minha mais sincera gratidão por se importar, por resolver nossa vida, pela conta paga, mas principalmente pela lição que nos ensinou nesse dia.

SEJA AJUDA

Durante uma conexão de 12 horas em Lisboa, fui explorar a cidade. Estava passeando pelo bairro Alfama, uma parte alta com castelos, igrejas e bondinhos passando.

Meu objetivo era tirar uma foto bem na hora em que o bondinho passasse. Posicionei a câmera no chão, em cima da minha mochila, e selecionei o disparo automático. Bondinho se aproximando, apertei o botão e corri para me posicionar para a foto. Bem na hora do disparo, parou um carro na minha frente e meus planos foram frustrados.

Uma senhora, vendo minha tentativa de fazer a foto, se ofereceu para ajudar. Ela era brasileira e morava ali há 20 anos.

Esperou pacientemente o próximo bondinho passar, tirou minha foto e ainda se ofereceu para tirar mais fotos em outro ponto turístico, a Igreja da Sé.

Depois disso, me acompanhou até a Praça da Figueira e me ensinou a pegar o autocarro ("ônibus" em Portugal), foi comigo até o local onde se comprava o cartão do transporte e me esperou.

Depois me colocou dentro do autocarro, me deu várias informações de segurança, nos despedimos e eu pensei: nossa, como uma pessoa pode se doar tanto por uma desconhecida?

Ela parou o que ela estava fazendo, mudou a rota dela, se preocupou comigo, tirou fotos, fez mil coisas por mim.

Mais um desses presentes que a gente recebe que não tem preço. Uma atenção, um cuidado, uma ajuda, uma sensibilidade.

Que possamos ser esse tipo de pessoa no caminho de alguém.

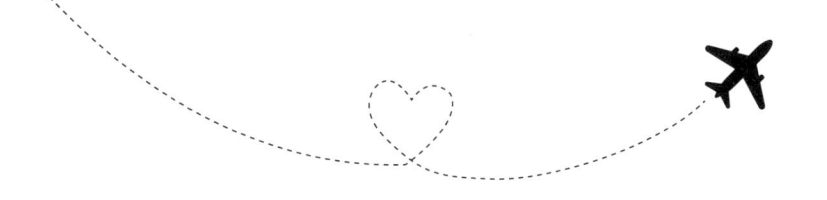

DOE-SE

Durante minha viagem pela Namíbia, tive a oportunidade de fazer um trabalho voluntário chamado *Soup Kitchen*, um projeto que distribui almoço para crianças da periferia de Windhoek, capital da Namíbia.

O trabalho basicamente era ajudar a servir a comida, colocar no prato e distribuir para as crianças. Passei o dia inteiro vendo aquela sala se encher de crianças de todas as idades. Algumas comem antes de ir para a escola e outras quando chegam da escola, e muitas vezes essa é a única refeição delas naquele dia.

Foi uma experiência muito gratificante, que me fez muito bem.

Ali eu entendi o verdadeiro significado da frase "é melhor dar do que receber". Ajudar alguém é muito bom.

Nunca vou esquecer do amor que recebi daquelas crianças, do sorriso delas, dos abraços sinceros e dos penteados que fizeram no meu cabelo. Receber o carinho das crianças foi o maior presente desse trabalho voluntário.

Eu fui para ajudar, mas a ajudada fui eu.

Depois desse dia, percebi que a contribuição genuína torna a vida mais rica.

Não é à toa que pessoas que visitam doentes em hospitais saem de lá mais felizes. Ou professores que aprendem mais com seus alunos do que ensinam.

Hoje, sempre me faço a seguinte pergunta: como posso acrescentar valor a qualquer ambiente em que me encontre?

Convido você também a se perguntar como pode acrescentar valor a sua casa, ao seu trabalho, a sua comunidade, a sua escola, a sua igreja.

Ao fazer isso, todos ganham, principalmente você. A verdade é que, quando você ajuda alguém a superar seu dia, você adiciona vida ao seu próprio dia.

PAZ NA TERRA

Hiroshima é uma cidade do sul do Japão famosa pela marcante tragédia da bomba atômica durante a Segunda Guerra Mundial.

Estar lá é reviver um episódio lamentável da história da humanidade. É muito marcante andar pelas ruas e imaginar o que se passou ali naquele terrível 6 de agosto de 1945.

A cidade possui vários monumentos e homenagens ao episódio. Um dos monumentos que mais me marcou foi o Children´s Peace Monument – uma comovente homenagem a todas as crianças que morreram por causa da bomba atômica. Muitas das crianças que sobreviveram ao ataque desenvolveram doenças anos mais tarde, como a menina Sadako Sasaki, que tinha apenas dois anos na data da tragédia. Sadako sobreviveu e teve uma infância normal, mas aos 12 anos desenvolveu leucemia, a "doença da bomba".

A melhor amiga de Sadako, ao visitá-la no hospital, deu-lhe um origami de papel em forma de garça (tsuru em japonês) e contou-lhe uma lenda japonesa na qual se acredita que, se alguém fizer mil tsurus, seu desejo se realiza.

A menina tinha um desejo enorme de viver e se encheu de esperança produzindo centenas de tsurus. Ela dizia: "Eu escreverei paz em suas asas e você voará o mundo inteiro".

Infelizmente, ela não teve tempo de chegar aos mil tsurus e veio a falecer. Sadako conseguiu fazer 646 deles e seus amigos, comovidos com a história, completaram com os 354 que faltavam para que ela fosse enterrada com os mil.

No memorial, existe um espaço onde ficam guardados os milhares de tsurus enviados por pessoas de todo o mundo. É um espaço repleto de mensagens lindas, todo colorido e que transmite muito amor.

No topo do pedestal tem uma escultura da Sadako segurando um tsuru e no memorial está escrito:

Este é o nosso grito.
Esta é a nossa oração.
Paz na Terra.

Que essa mensagem nunca seja esquecida.

AS SETE MARAVILHAS DO MUNDO

Eu amo fazer listas de coisas que eu quero fazer e lugares que eu quero conhecer. Uma lista que sempre mexeu comigo foi a lista das sete maravilhas do mundo moderno, que representa os monumentos mais importantes da modernidade segundo sua história e arquitetura. São eles:

- Cristo Redentor – Brasil.
- Grande Muralha da China – China.
- Taj Mahal – Índia.
- Machu Picchu – Peru.
- Chichén Itzá – México.
- Coliseu – Itália.
- Ruínas de Petra – Jordânia.

Apesar de essa lista me chamar a atenção, nunca planejei minhas viagens com esse objetivo, mas sem querer acabei de me dar conta de que já conheci quase todas, faltando apenas uma para eu completar, o Taj Majal, na Índia.

E isso me fez refletir sobre o motivo pelo qual sobrou o Taj Majal.

No início da minha vida viajante, a Índia não fazia parte dos meus planos de viagem, por todo o preconceito que eu tinha com o país. "Não quero ir para Índia porque é sujo, porque é pobre, porque é feio". Isso era o que eu ouvia e o que eu pensava. Vivia falando que, se eu fosse para a Índia, seria só para conhecer o Taj Majal e ir embora. Que visão pequena a minha!

Mas, à medida que fui viajando mais, fui entendendo que precisamos nos despir de tudo que ouvimos sobre um lugar se quisermos conhecê-lo de verdade. E, à medida que me abria para essa possibilidade, fui me interessando cada vez mais pelo que é mais diferente.

Antes eu queria o que era confortável para mim. Por me sentir mais confortável com o espanhol, comecei viajando pela América do Sul. Viajava para lugares com a cultura parecida com a minha.

Mas desde que voltei de uma viagem de um mês pela Ásia, fiquei apaixonada por países considerados exóticos e agora meu desejo é conhecer tudo o que é novo e me surpreender com o que é diferente de mim.

Mas o que é exótico, afinal, senão a partir do olhar de quem observa? Nosso país é considerado exótico, logo, deveríamos achar o exótico normal, certo?

Hoje eu prefiro visitar uma cultura totalmente diferente da minha porque sei que tenho muito a aprender. E agora mal posso esperar para conhecer a Índia, não para eliminar mais um item da lista das sete maravilhas, mas porque eu entendi que o preconceito é o lugar de quem só olha para o seu referencial.

ELOGIE MAIS, CRITIQUE MENOS

> "Se você vê beleza aqui não significa que há beleza em mim. Significa que há beleza enraizada tão fundo em você que é impossível não ver beleza em tudo."
>
> **RUPI KAUR**

No Egito, eu recebi tantos elogios das pessoas que até achei estranho. A maioria deles, sobre como eu era como pessoa. Muita gente disse que eu parecia ser uma ótima pessoa, que tinha um coração bom, uma energia boa.

Está certo que eu era simpática com todo mundo que falava comigo e talvez eles não estivessem acostumados com turistas sendo legais.

Mas o que eu percebi com isso é que nós elogiamos muito pouco e criticamos demais. Nosso erro é deixar de ver as qualidades das pessoas para ver apenas as fraquezas. Estamos o tempo todo procurando o lado negativo das pessoas, suas falhas, seus defeitos. E fazemos isso frequentemente com as pessoas que mais amamos.

Certa vez, eu ouvi que nós só enxergamos o que já existe dentro de nós.

O que muda quando você pensa dessa forma?

Da próxima vez que encontrar um defeito em alguém, pergunte-se onde ele existe em você também. Depois, tente encontrar uma qualidade e perceba que ela também existe em você de alguma forma.

Troque a crítica por um elogio, um agradecimento, uma validação.

Precisamos parar de julgar as pessoas e começar a nos conectar com elas, reconhecendo e valorizando sua singularidade.

PROCURE ELOGIAR CINCO VEZES MAIS DO QUE CRITICAR. SEJA UM INCENTIVADOR, NÃO UM CRÍTICO.

SEJA CUIDADOR

No Egito, me hospedei em um hotel de frente para as pirâmides e foi uma experiência incrível. Acordar com aquela vista da minha janela foi uma das lembranças que levarei para a vida.

Mas sabe o que mais me marcou nesse dia? O cuidado que o dono do hotel teve comigo. Como eu cheguei cedo e o quarto ainda não estava pronto, ele se ofereceu para me ajudar a comprar algumas coisas de que eu precisava, foi comigo sacar dinheiro e me convidou para tomar café da manhã. À tardinha, ele mandou entregar uma cesta com algumas frutas.

Eu me senti tão bem cuidada e acolhida que isso me marcou tanto quanto a bela vista que eu tinha da minha janela.

Porque a verdade é que quase tudo que desejamos dos outros pode ser sentido apenas pela demonstração de que eles se importam.

Bilhetes de suicídio sempre citam ideias de que "ninguém se importou" e de que "ninguém nunca vai se importar".

Que possamos ser melhores cuidadores das pessoas que passam por nossa vida.

Nosso cérebro foi formado para se importar com as emoções e experiências dos outros. Quando você vê alguém que precisa de atenção e amor, esses sentimentos costumam surgir dentro de você de modo compreensivo e você quer dar atenção e amor à pessoa à sua frente.

Quando você não demonstra se importar com as pessoas, a vida perde a cor e a conexão. Você se sente menos comprometido emocionalmente com as pessoas ao seu redor.

Como você pode praticar mais o cuidado hoje?

JUNTOS SOMOS MAIS FELIZES

Durante minha viagem ao Egito, um dia em especial me marcou muito e cheguei ao final dele me sentindo diferente e muito bem. Pensando sobre o que tinha acontecido naquele dia, percebi que eu tinha visto lugares incríveis, templos maravilhosos, ouvido histórias interessantes, visitado tumbas de reis faraós... O dia tinha sido realmente incrível, mas não foi isso que o fez especial, porque durante toda a viagem eu também estava conhecendo lugares extraordinários.

Percebi então que nesse dia eu tinha feito algo diferente. Tinha contratado uma excursão. E nessa excursão eu fiz amizade com três brasileiros e três argentinos, e conversamos muito durante todo o dia. Até então, eu estava fazendo tudo por conta própria e as conversas não tinham muita profundidade.

Mas nesse dia foi diferente. Reencontrar alguém que fala a sua língua e poder ter conversas mais longas cria conexão, e nós somos movidos por essas conexões.

Se tem algo que distingue as pessoas mais felizes das demais é a força de seus relacionamentos sociais.

Quando temos uma comunidade de pessoas com as quais podemos contar, multiplicamos nossos recursos, nos recuperamos mais rápido das quedas, realizamos mais e temos um maior senso de propósito.

Quanto mais apoio social você tem, mais feliz você se torna.

O que você pode fazer para aumentar sua rede de apoio?

Não espere pelo convite de alguém, seja a pessoa que convida, que agrega, que se importa. Ofereça ajuda, chame um amigo para conversar, pergunte se está tudo bem (e ouça a resposta), visite um amigo que não vê há muito tempo e coloque-se à disposição do outro.

SEJA A REDE DE APOIO DE ALGUÉM E VEJA A SUA REDE DE APOIO CRESCER.

NOTE-ME

No Egito, você se sente uma verdadeira celebridade. Andar na rua é como andar na passarela, todos o notam e muita gente fala com você, perguntam de onde você é, querem tirar foto com você e lhe dão boas-vindas ao Egito. Você definitivamente não se sentirá como mais alguém que passou despercebido por aqui. Tudo bem que muitas abordagens são feitas com a intenção de oferecer um serviço ou produto, mas até nessas abordagens eu senti um interesse genuíno deles.

Mesmo quando eu recusava a oferta, eles queriam continuar conversando e agradeciam por eu ter parado para ouvi-los.

Eu achei isso muito bom, me senti acolhida e importante para eles.

O Egito me mostrou que é legal notar a presença do outro e como nós deixamos de fazer isso com as pessoas ao nosso redor.

Passamos batido pelo nosso colega de trabalho, pelo nosso vizinho, pelo nosso parente. Não nos importamos com a presença deles.

A verdade é que uma das principais coisas que queremos é que as pessoas se importem conosco, com quem somos e com o que pensamos e sentimos.

O autor Brendon Burchard diz que devemos olhar para as pessoas como se elas tivessem uma placa pendurada no pescoço escrito: "por favor, me escute e me valorize".

Pensar assim tem feito toda diferença para mim.

Que a partir de hoje possamos ter mais consciência das pessoas a nossa volta.

ESTAR PRESENTE NAS RELAÇÕES É ENTREGAR AO OUTRO O SEU BEM MAIS PRECIOSO.

UM PASSARINHO ME CONTOU

"Observem as aves do céu: não semeiam nem colhem nem armazenam em celeiros; contudo, o Pai celestial as alimenta. Não têm vocês muito mais valor do que elas?"

MATEUS 6:26

Durante uma viagem com amigos pela Califórnia, percorremos a famosa Highway 1, passando por lugares incríveis e cenários cinematográficos entre São Francisco e Los Angeles. E de todas as experiências que vivi nesse trajeto a mais marcante para mim foi me hospedar no Treebones Resort, um lugar mágico em Big Sur com várias opções inusitadas de "quartos", desde barracas luxuosas a casas na árvore e até uma espécie de ninho humano, uma construção que imita um ninho de pássaro em tamanho gigante.

Muito além de hospedagem, o que o Treebones nos proporcionou foi a possibilidade de nos sentirmos um pássaro por um dia.

Eu pude dormir como um pássaro, que não se preocupa com o dia de amanhã porque sabe que já tem tudo que precisa.

Acordei com a vista privilegiada de quem vive rodeado pela natureza e entendi que a simplicidade é a grande riqueza.

Observei o canto dos pássaros ao amanhecer e agradeci por mais um dia.

Sentir a liberdade dos pássaros me fez confiar mais em Deus e lançar sobre Ele todas as minhas preocupações. Pois como diz a Bíblia: "Quem de vocês, por mais que se preocupe, pode acrescentar uma hora que seja à sua vida?".

Ninguém pode. Por isso, lance sobre Ele toda a sua ansiedade, porque Ele tem cuidado de você.

Ouça uma meditação para ansiedade:

Meditação cristã para ansiedade.

6
É A JORNADA QUE ENSINA SOBRE O DESTINO

CONFIE NO GPS DE DEUS

A primeira vez que andei num carro com GPS foi durante uma viagem para Orlando, Flórida. O GPS nos levava aos parques, *outlets*, restaurantes. Era tão bom poder colocar o endereço e saber que o GPS nos levaria até lá, sem precisar nos preocuparmos com mais nada. Como ele ainda era meio que novidade para nós, às vezes errávamos uma entrada ou outra, mas sempre chegávamos ao nosso destino final.

O mais interessante do GPS é que, durante a navegação, você não fica enxergando todo o trajeto o tempo inteiro, mas apenas os 20 primeiros metros do mapa. E é só isso que você precisa.

Talvez a lição mais importante que o GPS nos ensina é aprender a confiar.

Quando você não estiver conseguindo ver saída para o seu problema, confie no GPS. Assim como você só enxerga os 20 primeiros metros do mapa quando coloca o endereço no GPS do carro, nós só enxergamos os primeiros metros dessa grande jornada que é a vida.

Confie que Deus sabe qual é o endereço do destino final. Ele está o preparando para o levar até lá.

Olhe para a sua história e perceba todos os problemas que você viveu e que, tempos depois, você notou ter sido a melhor coisa que poderia ter acontecido na sua vida. Eles o fizeram descobrir novos talentos e habilidades, enxergar novas oportunidades.

Esse caos que você está vivendo não é o fim da sua história.

Entregue, confie e descanse em Deus. Ele é o seu GPS.

Para se aprofundar nesse tema, assista:

Como encontrar saída para um problema.

COLOQUE O SEU DESTINO NO GPS DE DEUS E CONFIE NO CAMINHO MESMO QUE VOCÊ NÃO ESTEJA ENXERGANDO TODO O TRAJETO AGORA.
VAI DAR TUDO CERTO!

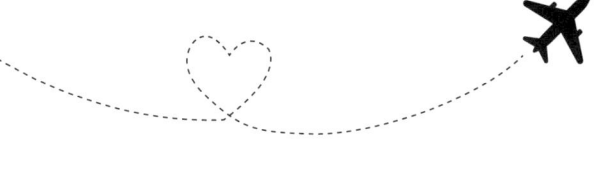

SUA ILHA PARADISÍACA

Meu primeiro contato com o mar do Caribe foi uma história engraçada. Viajei para Cartagena, na Colômbia e fechei um passeio para uma praia mais afastada chamada Playa Blanca, onde finalmente eu iria conhecer o azul-bebê caribenho.

O trajeto até a Playa Blanca era feito em uma lancha rápida e estava tudo indo bem até entrarmos em mar aberto. A partir dali, eu não tive um minuto de sossego. O mar começou a bater muito e as ondas vinham direto no meu rosto. Passei a viagem toda levando jato de água, não tinha nem como me proteger. Foi um incômodo absurdo viajar daquele jeito. Fiquei toda molhada e minha bolsa ficou encharcada. Não conseguia nem ficar sentada naturalmente, tinha que ficar abaixada o tempo todo para tentar me proteger da água.

Finalmente chegamos à praia e rapidamente esqueci tudo que eu passei na lancha e fiquei maravilhada com a beleza daquele lugar, areia branquinha e um mar azul de doer a vista me esperando para um mergulho. Aproveitei a tarde inteira naquele paraíso azul.

Eu não sei qual é o mar que você está enfrentando hoje na sua vida, mas saiba que essa turbulência vai passar. Ela é apenas uma fase necessária para o levar a um destino muito melhor. Aguente firme, depois do mar turbulento estará a sua ilha paradisíaca.

NÃO OLHE PARA AS PEDRAS DO CAMINHO

> "A vida é um ingresso para o maior espetáculo da Terra."
> **MARTIN H. FISCHER**

Uma vez, estava fazendo uma trilha no meio da natureza e passei todo o trajeto olhando para baixo, preocupada em não tropeçar nas pedras e buracos do caminho. Quase já no final da trilha, meio que sem querer, olhei para frente e levei um susto quando vi o que eu estava perdendo, uma paisagem surreal, bem diante dos meus olhos. As montanhas, o céu azul, a natureza em perfeita harmonia.

Eu estava tão focada em só andar para chegar ao destino final, que esqueci de curtir a caminhada.

Muitas vezes, teremos vários obstáculos no nosso caminho, mas se ficarmos focados em olhar para baixo o tempo todo, perderemos toda a beleza e o prazer da caminhada. Afinal, a vida é toda a jornada.

Não deixe que as lutas tirem a sua alegria, que o medo tire sua paz, que a ansiedade roube seu prazer de viver. Porque a vida é o nosso maior presente e mesmo com as dificuldades, mesmo com os desafios, há beleza no seu caminhar.

Pare de olhar para as pedras. Olhe para frente durante sua caminhada e aprecie as belezas do caminho.

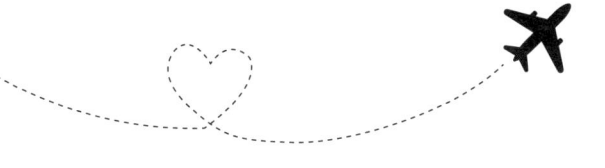

MILAGRE DOS ANDES

> "Acredite que pode e estará na metade do caminho."
> **THEODORE ROOSEVELT**

Durante uma viagem ao Chile, fiz um passeio para o Embalse El Yeso, uma represa muito bonita rodeada pelas montanhas nevadas. E no dia do passeio, o local estava todo coberto de neve.

Fazia tanto frio que eu estava congelando, quase não sentia os dedos dos pés e não conseguia raciocinar direito. Mas enquanto caminhava ali tão perto da cordilheira, me veio à memória aquele acidente com o time de *rugby*, conhecido também como tragédia dos Andes ou milagre dos Andes.

Pensava no frio por que aquelas pessoas passaram e como encontraram forças para sair dali. Só mesmo um milagre para explicar como eles conseguiram suportar 72 dias nessas condições extremas. Uma história fantástica sobre sobrevivência, superação e fé.

Para quem não conhece a história, vou resumi-la aqui:

No dia 13 de outubro de 1972, um avião da Força Aérea Uruguaia, levando uma equipe de *rugby* do Uruguai para jogar uma partida no Chile, caiu na cordilheira dos Andes. Apesar do impacto, 27 pessoas sobreviveram. No entanto, elas teriam que sobreviver ao congelamento no alto da montanha, pois não tinham equipamentos adequados para o frio nem comida suficiente. Após saberem pelo rádio que as buscas foram encerradas, um dos sobreviventes fala aos demais: "Ei meninos, há boas notícias! Acabamos de ouvir no rádio. Eles cancelaram as buscas".

Outro responde: "E por que isso é uma boa notícia?".

E o garoto disse: "Porque isso significa que vamos sair daqui por conta própria".

E com essa lição de determinação e fé, eles conseguiram sair dali 72 dias depois do acidente.

Esse diálogo me marcou muito porque mostra como as pessoas podem escolher enxergar uma situação. Alguns olham para o lado negativo e desistem de tudo. Outros escolhem ver o que de bom podem tirar dela e um caminho de novas possibilidades se abre.

Em outra oportunidade, visitei o Museu Andes 1972, que fica em Montevidéu e pude ver os diversos objetos que eles confeccionaram para sobreviver, como um saco de dormir feito com o isolamento acolchoado da cauda do avião e um kit de costura da mãe de um dos meninos.

Ver tudo aquilo que eles criaram a partir do que tinham disponível me fez constatar que realmente quando você acredita que algo é possível, você enxerga oportunidades e como fazer.

Se eles não tivessem tido essa visão positiva de escolher acreditar que conseguiriam sobreviver, não teriam tido a força e a determinação para se esforçarem em sair dali usando os recursos que tinham disponíveis naquele momento.

Acreditar é o primeiro passo para o sucesso. A certeza é algo que influencia drasticamente nossos resultados. Aquilo em que acreditamos influencia nosso potencial, que determinará como vamos agir e, por conseguinte, que resultados vamos obter, e esses resultados alimentarão aquilo em que acreditamos. É um ciclo, e por isso é tão importante cultivarmos sempre crenças fortalecedoras, bem como interpretarmos os resultados sempre como algo positivo, justamente para alimentar um ciclo positivo.

EM QUE VOCÊ PRECISA ACREDITAR MAIS? NÃO SE PREOCUPE COM O "COMO" AGORA, POIS ELE SURGIRÁ NO MOMENTO EM QUE VOCÊ DECIDIR ACREDITAR.

NÃO É SOBRE CHEGAR AO TOPO

Chegar ao topo do monte Roraima foi um marco importante para mim. Após três dias de uma longa e desafiadora caminhada, dificuldades pelo caminho, vento, chuva, cansaço, dor, finalmente pude dizer que conquistei o topo.

E sabe o que é mais curioso? Chegar ao topo me fez perceber que a felicidade não é chegar lá. A emoção foi grande não porque cheguei ao topo, mas porque pude olhar para trás e sentir que o caminho me fez mais forte. Porque o que importa não é o destino e sim o caminho percorrido.

Quando você tem um sonho e se coloca em movimento, você gera motivação.

Lembro uma época em que eu estava muito desmotivada na minha vida, porque eu tinha atingido um platô. Eu não tinha nenhum sonho, nada que me tirasse da cama de manhã, que me gerasse motivação para acordar e viver meu dia com entusiasmo.

Quando eu fiz minha lista de sonhos e comecei a entrar em movimento para realizá-los, eu encontrei a felicidade.

A mágica do sonho é que você começa a ser feliz no momento em que começa a sonhar.

Felicidade é quando a gente planta nosso sonho e sucesso é quando colhemos seus frutos.

Para se aprofundar nesse tema, assista:

Como ter mais felicidade.

PERMITA-SE SONHAR, COMPROMETA-SE COM SEUS SONHOS, ACREDITE NELES E TOME AÇÕES NESSA DIREÇÃO, MESMO QUE VOCÊ AINDA NÃO CONSIGA ENXERGAR O TOPO.

VOCÊ SE PERMITE SONHAR?

"Todos os nossos sonhos podem se tornar realidade – se tivermos coragem de ir atrás deles."
WALT DISNEY

Deixe para trás tudo que lhe fez mal e leve apenas os seus sonhos. Porque sonhos são o combustível da vida.

Algumas pessoas pensam que gastarão muita energia correndo atrás dos seus sonhos, mas, na verdade, é o contrário.

Sonhos grandes geram muito mais energia, muito mais vontade e deixam os problemas muito menores.

Mas se você não souber quais são os seus sonhos, não fará nada para realizá-los.

E então será levado pela vida, sem direção. Ou pior, na direção que outras pessoas escolheram para você.

Qual é o preço que você está pagando hoje por não correr atrás daquilo que o faz feliz?

Tristeza, depressão, fracasso, baixa autoestima?

Não espere chegar ao final da vida para perceber que jogou a vida fora.

Meu maior sonho era dar a volta ao mundo.

Mas eu não estava correndo atrás desse sonho por uma série de limitações que eu mesma criei, como trabalho, escola, tempo, dinheiro.

E não correr atrás desse sonho estava me custando caro demais.

Até que eu me permiti voltar a sonhar. Sem me preocupar com o impossível.

E quando você se permite, o "como" vai surgindo de uma forma ou de outra.

Ainda não realizei esse sonho, mas hoje já acredito que seja possível. E acreditar é o primeiro e mais importante passo.

Foque o futuro e tenha metas de longo prazo. O prazer de curto prazo (como comprar coisas por exemplo) o afasta da real felicidade.

Sonhe com aquela viagem incrível, invista em você, aprenda algo novo, tenha metas inspiradoras, pois elas trocam procrastinação por motivação.

O QUE SEU ESPELHO DIZ?

"Ame quem você é, o que você é e o que você faz."
LOUISE HAY

Aprendi em um treinamento, em Los Angeles, que sempre que passarmos por algum espelho, porta ou qualquer coisa que refletisse nossa imagem, deveríamos sorrir para nós mesmos e dizer alguma coisa legal.

Logo que saí para a rua naquele dia comecei a colocar em prática esse aprendizado. Passei por um grande prédio envidraçado e sorri para mim. Foi uma sensação tão boa e divertida. Senti a energia que eu estava emanando para mim mesma.

Os espelhos nos devolvem nossos verdadeiros sentimentos.

A maioria de nós diz coisas negativas para si mesmo na frente do espelho: "Meu cabelo está horrível!", "Minha cara está péssima!".

Criticamos nossa aparência ou nos depreciamos por algum motivo.

Olhe nos seus olhos na frente do espelho e diga: "Eu amo você". Sorria para você.

Reconheça seu mérito. Faça um elogio. Valorize-se.

O amor nunca está no exterior, está sempre dentro de nós.

Esse é o amor mais importante que precisamos cultivar, o amor-próprio.

A gente só dá aquilo que a gente tem. Você é incrível e merece o melhor da vida.

Decida ter novos pensamentos a seu respeito e escolha novas palavras para dizer a si mesmo.

CRIE ESPAÇO PARA A PAZ

Jerusalém é um dos destinos mais fascinantes do mundo. Capital sagrada de três religiões, Jerusalém sempre foi muito disputada. Desde a sua fundação, em 3.000 a.C., foi destruída duas vezes, sitiada 23, atacada 52 e capturada e recapturada outras 44. Isso mostra porque ali vive-se em estado de alerta constante.

Andando pelas ruas, vi jovens armados com fuzis em toda parte, preparados para se defender dos inimigos a qualquer momento. Mas, contraditoriamente, o que eu senti em Jerusalém foi PAZ. Uma paz inexplicável.

Pessoas do mundo inteiro, das mais diversas religiões encontram ali um ponto em comum. Um lugar único, sagrado, especial: a Cidade Santa.

Dentro da Cidade Velha, cristãos, judeus, muçulmanos e armênios dividem espaço e vivem sua fé simultaneamente.

Sim, Israel vive em guerra. Mas, assim como o Brasil convive com a violência e o tráfico de drogas, a guerra é algo com que Israel precisou se acostumar.

Apesar das diferenças, dos conflitos e do constante estado de alerta, a atmosfera é de PAZ. E uma paz que não se encontra em nenhum outro lugar do mundo.

O que eu percebi em Jerusalém é que a sua paz não depende de eventos externos, nem das circunstâncias. A sua paz é interior, por isso só depende de você. Como você pode criar momentos de paz no seu dia?

Pode ser apenas um minuto em que você fecha os olhos e respira fundo, colocando toda a sua atenção na sua respiração.

Crie a sua paz diariamente e, mesmo que o mundo esteja um caos, você estará inabalável.

NÃO COMPARE O PALCO DOS OUTROS COM SEUS BASTIDORES

Você sente que as pessoas, nas redes sociais, parecem estar sempre viajando, comendo nos melhores restaurantes e que todo mundo é megafeliz menos você? Parece que ninguém trabalha, que ninguém tem problemas, que todo mundo da sua *timeline* nasceu rico. E então bate aquela frustração porque a sua vida está muito distante desse mar de rosas.

A verdade é que nem tudo é o que parece.

Quantas vezes eu postei fotos minhas em uma praia da Tailândia, mas na verdade eu estava dentro de um metrô lotado, voltando para casa depois de um dia normal de trabalho!

A minha vida não é perfeita como as fotos de viagem fazem parecer. Eu não sou rica, apenas deixo de comprar coisas para viajar.

Não se iluda com o que você vê no Instagram. Não se sinta mal pela falsa realidade que essas fotos passam. Não inveje algo que não existe.

O que você vê nas redes sociais é um palco montado com as melhores peças teatrais de cada indivíduo. Você não conhece os bastidores de cada vida, as dificuldades diárias, as batalhas que cada um trava.

Todos temos problemas, todos temos dificuldades. Não queira comparar seus bastidores com o palco das outras pessoas.

Por favor, não faça isso com você. Não seria justo, seria cruel demais.

APRENDA A DIZER NÃO

Quem viaja sozinha sabe que é difícil conseguir ficar sozinha. Na maioria das vezes, isso é muito bom, porque você faz amizade, conhece pessoas legais e se diverte bastante. Mas outras vezes você gostaria mesmo é de ficar sozinha consigo mesma.

Certo dia em Luang Prabang, no Laos, eu passei por uma situação dessas. Eu estava fotografando um templo antigo quando um turista se ofereceu para tirar uma foto minha. Agradeci a gentileza e, quando estava indo embora do templo, ele veio me acompanhando e se oferecendo para andar comigo pela cidade. Não deu nem tempo de recusar, ficamos conversando e ele tirava mil fotos minhas na câmera dele. Eu já estava ficando incomodada, mas não disse nada. Comecei a pensar em várias desculpas, mas tudo que eu falava ele se oferecia para ir junto, e eu, que não gosto de parecer indelicada, fui aceitando.

Até que uma hora eu desisti. Não era possível que eu perderia meu dia em Luang Prabang com esse inconveniente. Ele ficava perguntando o que eu faria depois, onde eu assistiria ao pôr do sol, me chamou para tomar café, para fazer passeio de barco e eu recusei tudo e disse que iria para o meu *hostel* descansar. Nós nos despedimos e eu segui meu caminho.

Algum tempo depois, segui para o monte Popa para ver o pôr do sol e quando eu chego à entrada da trilha, quem está lá me esperando? Ele mesmo!

Levei um susto, fiz um sinal que esqueci alguma coisa, dei meia-volta e saí. Mas eu não podia deixar de subir o monte Popa, que é um dos principais atrativos de Luang Prabang. Decidi que eu subiria e ficaria me escondendo dele. Subi por uma trilha e, quando cheguei lá no topo, ele estava sentado e fez sinal de que estava guardando lugar para mim.

Eu fiz sinal que daria uma volta primeiro e saí fora.

Ele ficou lá, guardando meu lugar, e eu fiquei me escondendo dele até conseguir descer. Desci a trilha correndo e fiquei torcendo para não cruzar com ele novamente. Felizmente nunca mais o vi, mas essa história de fugitiva por um dia será lembrada para sempre.

Depois fiquei pensando em por que não tive coragem de dizer que gostaria de ficar sozinha. Por que temos tanta dificuldade em dizer não? Por que não dizemos o que pensamos por medo de parecermos mal educadas? Não temos a obrigação de sermos boazinhas o tempo todo. Você pode dizer não, é um direito seu. Você não precisa tolerar algo só para ser a simpática.

Quando você não consegue dizer não, você vai permitindo e aceitando aquilo que não gostaria.

A vida nos dá somente aquilo que a gente tolera.

VIVA O NOVO

Eu amo fazer coisas novas, aprender um esporte diferente, uma nova habilidade, viver novas experiências.

Olhando para trás, vejo que minha vida sempre foi uma constante busca pelo novo.

Já me aventurei em vários esportes radicais como saltar de paraquedas e voar de parapente.

Aprendi a surfar e a esquiar. Já fiz descida de rapel em cachoeiras e escalei montanhas.

Aprendi a me equilibrar no *slackline* e a andar de *skate*.

Novas experiências nos trazem alegria e motivação.

Eu tinha essa necessidade de estar sempre fazendo alguma coisa diferente e hoje eu percebo a importância da introdução de novas experiências em nossa vida.

Nosso cérebro procura o tempo todo por novidades e desafios, tornando-se muito mais ativo quando algo novo ou desafiador acontece, porque, durante a atividade nova, o corpo libera dopamina, energizando o cérebro e o mantendo envolvido na experiência. A consequência desse envolvimento maior é um sentimento de felicidade.

Já o oposto disso gera como resultado um cérebro entediado e um sentimento de desânimo. É por isso que grande parte da tristeza e da depressão que muitas pessoas sentem poderia ser remediada se elas introduzissem mais novidades nas suas vidas.

E não pense que você precisa fazer algo extraordinário todo dia, não é isso. Você pode fazer coisas simples como aprender uma nova habilidade, ler um livro novo, conhecer pessoas novas, visitar uma exposição na sua cidade, fazer um passeio diferente.

Basta você incluir constantemente algumas novidades na sua vida diária.

VAMOS FUGIR

Assim como nosso cérebro gosta de coisas novas, o nosso coração também anseia por algo novo. Ele quer viver uma nova experiência. Mas esse novo só Deus pode nos dar.

Peça a Deus como na canção *Algo novo* do grupo Kemuel:

> *Eu quero viver algo novo*
> *Faz meu coração arder de novo*
> *Fazendo todo medo desaparecer*
> *Trazendo sobre mim um novo amanhecer*
> *Eu quero viver algo novo*

REINICIE SEU SISTEMA

Eu amo caminhar na natureza, respirar um ar mais puro e sentir o cheirinho das folhas, da terra molhada. A natureza é um convite para respirar. Nem sempre temos esse ar puro para encher nossos pulmões, mas ainda temos o poder de uma respiração profunda.

A respiração é a sua âncora, o dom que todos nós recebemos para reiniciar o nosso sistema.

Sempre que sinto que estou ficando tensa ou preocupada demais, eu paro e me lembro de respirar lenta e profundamente.

É incrível como o corpo responde na mesma hora, nos fazendo voltar ao momento presente.

Muitas vezes esquecemos de quão poderoso é esse simples recurso.

Sempre que se sentir perdendo o controle, inspire bem fundo e então solte o ar bem devagar, abandonando toda tensão enquanto expira.

Deixe para trás aquilo que você não pode controlar e volte a se concentrar naquilo que você pode fazer.

A MAGIA DAS MANHÃS

> "A brisa do amanhecer tem segredos para lhe contar. Não volte a dormir."
>
> **RUMI**

Eu amo acordar cedo, inclusive nas viagens e sou a primeira a se levantar da cama para aproveitar o dia ao máximo. Tento ver o nascer do sol, chegar aos lugares bem cedinho e aproveitar a calmaria da manhã.

Hoje eu entendo que as manhãs têm algo de mágico e o que fazemos nesse tempo também, mas nem sempre foi assim.

Durante muito tempo, a primeira coisa que eu fazia ao acordar era olhar o celular. Antes mesmo de abrir os olhos, eu já estava esticando o braço para pegar o celular, que por coincidência também tinha sido a última coisa que eu havia feito na noite anterior.

Então minha rotina era abrir os olhos, pegar o celular, entrar nas redes sociais e ficar rolando a minha *timeline*.

Mas ser bombardeado por fotos bonitas de vidas que parecem perfeitas não é a melhor coisa a se fazer ao acordar. Na verdade, isso só serve para destruir sua autoconfiança e fazer você começar o dia muito mal.

Pense no seu dia como uma plantação. A primeira hora é o plantio e o restante do dia, a colheita. O que você planta na primeira hora será aquilo que você vai colher durante o dia.

Se você plantar notícias ruins, imagens que provocam sentimentos negativos e procrastinação, é mais disso que você vai colher.

Não tem como querer colher coisas boas, plantando coisas ruins.

É muito importante separar um tempo para você, se cuidar e alimentar sua mente com coisas positivas logo cedo.

Desde que comecei a fazer o milagre da manhã, que aprendi no livro de mesmo nome do Hal Elrod, minhas manhãs ganharam ainda mais vida. Eu acordo mais cedo e pratico alguns hábitos que o autor recomenda, como: silêncio, afirmações, leitura, escrita, visualizações e exercícios.

Começar o dia com essas atividades me enche de energia.

Experimente fazer uma oração de gratidão, ler um livro, estudar algo novo, meditar, fazer um exercício. Qualquer coisa que faça a diferença no seu dia.

Quando eu entendi isso, passei a acordar mais cedo e reservar a primeira hora para plantar coisas boas. Fazer isso me fez acordar com muito mais propósito. Meus dias se tornaram muito mais produtivos, parei com a procrastinação pela manhã e comecei a me dedicar muito mais a aprender coisas novas e fazer coisas que eu nunca tinha tempo de fazer.

O que você vai plantar no seu dia a partir de hoje?

--✈

Quer saber mais sobre como fazer seu milagre da manhã? Assista:

Milagre da manhã.

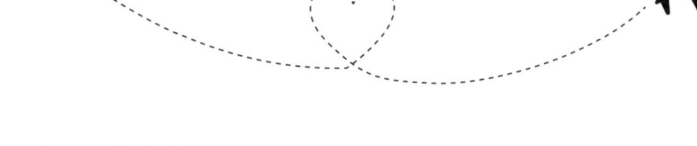

TROQUE O LAZER PASSIVO PELO LAZER ATIVO

> "Eu saio para expulsar a depressão diária. Toda tarde me desanimo, até que um dia descobri a caminhada... Escolho um destino e o resto acontece na rua."
>
> **VIVIAN GORNICK**

Muitos amigos me perguntam como eu consigo fazer tanta coisa o tempo todo: passear, viajar, praticar esportes.

Eu digo a eles que o segredo está no planejamento. Eu me programo para estar sempre em movimento, fazendo atividades lá fora, porque é isso que me faz bem.

Mas sei que nem todo mundo consegue e isso me fez refletir sobre essa nossa dificuldade de executar o que planejamos.

Por que muitas vezes fazemos planos para o final de semana, planejamos passeios interessantes, mas acabamos sentados no sofá assistindo à TV?

O autor Shawn Achor, no livro *O jeito Harvard de ser feliz*, diz que a inatividade é sempre a opção mais fácil.

É mais fácil escolher um lazer passivo, como assistir TV e ficar nas redes sociais do que partir para o lazer ativo, como *hobbies*, esportes, passeios ao ar livre.

O problema é que o lazer passivo não é tão recompensador quanto o lazer ativo. Ele só é prazeroso nos primeiros 30 minutos, depois começa a drenar nossa energia, criando uma sensação de apatia e desinteresse.

E por que passamos mais tempo em atividades que não nos fazem bem?

Porque somos atraídos pelas coisas que são mais fáceis, práticas e hábitos, e é muito difícil dominar essa inércia.

O lazer ativo é mais prazeroso, mas quase sempre requer

mais esforço inicial – tirar a bicicleta da garagem, sair de casa, dirigir até o museu.

Nossa natureza sempre nos conduzirá pelo caminho de menor resistência.

Para vencer isso, você precisa entrar em ação o mais rápido possível.

Não fique pensando se vai ou se fica. Decida AGIR!

Acorde, coloque a roupa e saia de casa.

Seja lá o que for que você queira fazer no dia seguinte, se exercitar, dar uma caminhada, fazer um passeio, se organize. Se possível, deixe tudo pronto na noite anterior, para facilitar que você não tenha que pensar muito quando acordar.

Quanto menos obstáculos você tiver na sua frente, melhor será a tomada de decisão.

Facilite as escolhas do seu cérebro, decida agir e aproveite o seu dia fazendo algo que lhe fará bem de verdade.

DETOX DIGITAL

> "Quase tudo volta a funcionar se ficar desligado por uns minutos... Inclusive você."
> **ANNE LAMOTT**

Eu sempre viajo no Carnaval. Gosto de fugir do agito do Rio de Janeiro e ir para algum lugar calmo, de preferência com muita natureza.

No último Carnaval não teve viagem, mas teve uma pausa muito importante e simples que todo mundo pode aplicar.

Eu passei o Carnaval em casa cuidando da minha filha, que estava recém-operada de uma cirurgia ortopédica, com gesso nas duas pernas e decidi aproveitar esse momento para fazer um *detox* digital e estar 100% presente para ela.

Coloquei o celular no modo avião, guardei-o em um lugar bem longe da minha vista e aproveitei cinco dias de descanso mental.

Foi maravilhoso poder praticar a atenção plena e viver o momento presente com ela, sem aquele vício de ficar checando toda hora o celular para ver se tem alguma coisa nova acontecendo por aí.

Às vezes o que a gente precisa é de apenas uma pausa do mundo lá fora. Parar de querer saber tudo que está acontecendo com os outros e cuidar mais da gente e de quem está do nosso lado.

Costumamos pensar que, para desconectar das redes, precisamos ter uma justificativa para isso, mas não.

A gente não precisa viajar para outro estado, para outro país ou ir para o meio do mato, onde não pega Internet, para se desconectar do mundo. Você pode fazer isso na sua casa mesmo, basta decidir.

Sua paz muitas vezes está ao alcance de uma configuração no seu celular.

Já experimentou se desligar de propósito do mundo lá fora?

------------------------------✈

Aprenda a fazer um *detox* digital:

Detox digital.

COLOQUE O CELULAR NO MODO AVIÃO E VIVA NO MODO PRESENÇA.

DIAS E NOITES

Durante minha viagem pela Jordânia, eu acampei em um lugar incrível no deserto de Wadi Rum. Minha barraca era toda transparente e eu tinha uma vista linda da montanha durante o dia e das estrelas durante a noite.

Deitada na minha cama, eu pude observar todo o processo do anoitecer: o sol se pondo, o céu mudando de cor, as luzes se diminuindo lentamente e a noite chegando.

Sem Internet e nenhuma tecnologia para me distrair, o processo de pegar no sono foi muito tranquilo e natural, e na manhã seguinte acordei naturalmente com as primeiras luzes do amanhecer.

Ver esse movimento acontecer me fez refletir sobre como nós perdemos essa percepção de dia e noite e como isso tem afetado a quantidade e a qualidade do nosso sono.

Hoje nós temos luz 24 horas por dia. Internet, filmes, séries 24 horas por dia. Antigamente, até a televisão ficava fora do ar por um tempo.

Muitas vezes, temos dificuldade para dormir porque não deixamos o nosso corpo desacelerar. Não tiramos os olhos das telas e estamos o tempo inteiro ocupando nossa mente com distrações.

Não damos ao nosso corpo o espaço que ele precisa para desacelerar. Não permitimos que nossas mentes tenham um tempo para se aquietar.

Mais uma vez, deixamos que a tecnologia afete negativamente as nossas vidas.

Uma dica para dormir melhor é ter uma rotina noturna. Pense nas coisas que você pode fazer para desacelerar quando chegar do trabalho, como, por exemplo, tomar um banho relaxante, ler um livro, ouvir uma música calma. Acostume-se a usar uma luz indireta em vez da luz normal.

VAMOS FUGIR

Elimine todas as telas uma hora antes de dormir. Desligue a TV, desligue o celular, assim você permite que seu corpo e mente tenham o tempo que eles precisam para entrar no modo sono.

O que você pode incluir na sua rotina noturna para melhorar seu sono?

------------------------------✈

Para dormir melhor, assista:

5 dicas para dormir bem.

7
A ÚNICA SAÍDA É PRA DENTRO

VOCÊ É ÚNICO

> "Criou Deus o homem à sua imagem, à imagem de Deus o criou; homem e mulher os criou."
> **GÊNESIS 1:27**

Todos os dias, somos bombardeados com fotos bonitas, imagens de como deveria ser nossa aparência ou de como deveríamos nos comportar. Mas esquecemos que as redes sociais só mostram os melhores momentos das nossas vidas, não os piores. Ninguém quer postar fotos dos seus piores dias, mas, acredite, eles existem para todo mundo. Cada um trava sua batalha pessoal, mas isso nem sempre é "instagramável".

Além de ser uma injustiça consigo mesmo comparar os melhores momentos de alguém com a sua vida sem edição, essa é uma receita tóxica que só gera a sensação de que nunca somos bons o suficiente.

Ficamos sobrecarregados com essa cobrança externa, tentando ser perfeitos, e acabamos esquecendo quem somos de verdade.

Mas lembre-se de que você é único à sua própria maneira e tem algo especial a oferecer ao mundo que só você pode fazer.

Você é muito maior do que imagina. Você é imagem e semelhança do criador e foi projetado para dar certo. Deus tem seu nome gravado na palma da mão d'Ele e o ama tanto que não poupou nem a vida do Seu filho para resgatá-lo.

Nunca duvide disso enquanto estiver vendo os "melhores momentos" das outras pessoas nas redes sociais.

O QUE O FAZ VIAJAR?

> "Uma viagem não precisa de motivos. Não demora em demonstrar que se basta em si mesma. Você acredita que vai fazer uma viagem, mas em seguida a viagem é que te faz, ou te desfaz."
>
> **NICOLAS BOUVIER**

Muita gente não sabe qual é o real motivo pelo qual elas querem viajar. O surgimento das redes sociais fez parecer que todo mundo está viajando, menos você. Todo dia tem alguém em uma praia do outro lado do mundo, fazendo pose na Torre Eiffel ou comendo algum prato exótico por aí.

Recebemos estímulos o tempo inteiro. Não faltam notícias de pessoas que pediram demissão e foram dar a volta ao mundo. Parece que todo mundo está aproveitando a vida em algum lugar paradisíaco enquanto estamos trabalhando.

Somos pessoas altamente visuais e, sem dúvida, ver tudo isso causa em nós o desejo de viajar também.

Viajar se tornou apenas mais um objeto de consumo. Apenas mais um desejo. Não sonhamos mais com a casa própria ou o carro zero, queremos viajar o mundo.

Mas será que as pessoas estão viajando pelos motivos corretos e aproveitando as viagens para se transformarem? Ou será que a viagem se tornou mais um parâmetro de status social?

O significado da viagem como motivo de descoberta, de sair da zona de conforto, tem se perdido um pouco.

Viajar tem se transformado na nova onda do consumismo. Paramos de acumular coisas para acumular carimbos no passaporte.

Na minha última viagem, vi uma quantidade enorme de pessoas mais preocupadas em fazer fotos legais do que em viver a experiência.

O pior é que eu já me peguei sendo essa pessoa. É uma linha tênue quando se tem um *blog* de viagem e registrar a viagem passa a ser mais importante do que viajar. A necessidade de colecionar fotos passa a ser superior a de colecionar momentos. Mas a verdade é que não adianta encher o Instagram de *likes* e voltar com o coração vazio.

Ficamos horas na fila para a foto perfeita, mas não nos sentamos em uma praça simplesmente para observar o movimento e pensar na vida.

Felizmente, percebi o quanto isso era vaidade e hoje minhas prioridades são outras. Não fico preocupada se vou conseguir bater ponto em todas as atrações turísticas, prefiro passar um dia caminhando sem rumo e conhecendo o que vier pelo caminho.

Viajo para crescer como pessoa e não para fazer fotos e aumentar minha lista de lugares pelo mundo.

Não há nada de errado em trocarmos o sonho da casa própria pelo sonho de viajar o mundo, mas que esse desejo seja genuíno por mais experiências, por mais propósito, por mais crescimento pessoal e por mais conhecimento.

E que a foto volte a ser o que ela sempre foi, apenas uma recordação de um momento inesquecível.

A MELHOR DE TODAS AS VIAGENS

> "Ele, que se entregou a si mesmo por nós para nos remir de toda maldade e purificar para si um povo todo seu, consagrado às boas obras."
>
> **TITO 2:14**

Quando me perguntavam qual tinha sido meu lugar preferido no mundo, eu simplesmente não conseguia responder. Cada destino visitado tinha algo especial e eu não podia escolher apenas um.

Curiosamente, minha última viagem antes de a pandemia fechar as fronteiras do turismo foi para o destino que hoje me permite responder a essa pergunta com convicção.

A viagem que eu fiz por Egito, Israel e Jordânia foi especial de verdade.

E o lugar mais impactante foi Jerusalém, em Israel.

Visitar os lugares por onde Jesus passou e que eu tinha estudado durante a minha vida inteira na escola bíblica foi a melhor experiência de todas as viagens que eu fiz.

Conhecer seu local de nascimento, subir o monte das Oliveiras, caminhar pelos locais de seus milagres, percorrer a Via Dolorosa, ver o local da crucificação e finalmente o sepulcro vazio deu sentido a tudo.

Parecia que eu tinha finalmente encontrado (ou reencontrado) o que me fez viajar por tanto tempo. A fé em Cristo.

Caminhando pela Via Dolorosa, senti muita tristeza pelo sofrimento de Jesus e uma raiva das pessoas que o fizeram sofrer.

Mas então Jesus me lembrou que eu não preciso sentir tristeza, porque não foram "eles" que mataram Jesus.

Foi Jesus que SE ENTREGOU para morrer por nós.

VAMOS FUGIR

Esse era o plano perfeito de Deus.
Ele deu sua vida por mim e por você.
E hoje, por suas feridas, fomos curados.
Foi por amor.
Eu desejo que você conheça esse amor.
Que, assim como Jesus entregou sua vida por você, você também entregue a sua vida a Ele.
E, nesse momento, TUDO vai fazer SENTIDO.

Sinto fluir

Eu procurei em outro lugar
Em outras pessoas, em tantas coisas
Mas descobri teu rio em mim
E transbordei do teu amor
Sinto fluir teu rio de vida aqui,
Eu quero beber de tuas águas
Eu quero beber da tua fonte
Vou mergulhar no teu rio

Para se aprofundar nesse tema, assista:

Deus já te deu tudo.

VIAJAR PARA SER

> "A maior das conquistas é ser você mesmo em um mundo que está constantemente tentando transformá-lo em algo que você não é."
> **RALPH WALDO EMERSON**

Um dia, viajei para me encontrar. Eu tentei me encontrar na cidade perdida dos incas e nas trilhas da Patagônia. Tentei me achar nos desertos da Namíbia e no alto do monte Roraima. Eu me procurei no fundo do mar e na queda livre de um avião.

Mas essa busca parecia não ter fim e isso me frustrava. Eu sempre achava que a próxima viagem mudaria minha vida, mas não era isso que acontecia.

Idealizamos a viagem como a solução para os nossos problemas. Viajar nos faz pausar a realidade por um tempo e nos possibilita uma imersão de aprendizagens e descobertas. No entanto, por mais que a viagem tenha esse poder de renovar a nossa alma, viajar para fugir da realidade está longe de ser a solução dos nossos problemas.

Quando viajamos com esse objetivo, o retorno de uma viagem pode ser ainda pior, e a famosa depressão pós-viagem virá com força total.

A verdade é que você não pode fugir por muito tempo e, mais cedo ou mais tarde, você terá que encarar tudo o que tentou ignorar durante a viagem.

A simples mudança de localização geográfica não tem o poder de mudar a sua vida. Isso porque você é a única pessoa que pode mudar a sua situação atual. As viagens não farão isso por você.

E foi exatamente isso que eu aprendi na prática. Em 2012, eu criei um *blog* de viagens que era a minha verdadeira válvula de escape. Eu estava passando por um processo de transição de carreira e comecei a viajar loucamente, comprar passagens virou meu vício e eu não ficava um feriado sem viajar.

O que eu não tinha percebido ainda era que eu viajava para fugir da minha vida. Eu não estava feliz. Eu viajava para ficar feliz.

Eu estava em busca de mim mesma.

Nas viagens, eu encontrava a liberdade de ser eu mesma e por muito tempo achei que as viagens eram definitivamente a solução dos meus problemas.

Só que, enquanto eu viajava, eu focava em mudar o mundo exterior, quando, na verdade, eu precisava mudar meu mundo interior.

É como a música *Labirinto* de Mariana Volker, que diz: "Preste atenção, meu bem. Retorne ao teu centro. A única saída é pra dentro".

Perceber que eu viajava para fugir da minha vida foi um divisor de águas para mim, porque eu vi o quanto isso era uma perda de tempo. Cada viagem que eu fazia com esse objetivo me distanciava ainda mais dos meus sonhos, simplesmente porque eu não me dava o tempo necessário para correr atrás deles.

Foi então que eu decidi parar de fugir da realidade para criar a minha vida dos sonhos. Em 2018, fiz uma pausa para olhar para dentro. Eu escolhi mudar o rumo da minha vida e criar algo de que eu tivesse orgulho de contar lá na frente.

Porque apesar de a viagem ter em si um processo de autoconhecimento, não adianta ficar viajando e fugindo da realidade para sempre. A gente precisa entrar em ação depois que a viagem termina.

Hoje eu entendo que eu viajava apenas para SER. Ser alguém que eu não conseguia ser no dia a dia. Por isso, sempre que eu voltava para minha realidade, era muito duro não poder ser eu mesma e eu vivia um conflito interior muito grande.

Eu queria ser aquela pessoa livre, corajosa, intensa, feliz. Mas eu achava que isso só seria possível se eu largasse tudo para viver viajando.

E, como isso não se encaixava na minha realidade naquele momento, eu aceitava o fato de ser eu mesma apenas durante as férias e feriados.

Mas, depois de um tempo, eu descobri que eu não precisava ser eu mesma apenas nas viagens. E sim que eu tinha que encontrar uma forma de ser essa pessoa todos os dias, porque é essa pessoa que eu nasci para ser. E eu não podia mais negar isso.

Eu entendi que você precisa ser quem você é de verdade, independentemente de onde você estiver.

Foi justamente quando parei de procurar lá fora que encontrei o que estava buscando. Quando eu me aquietei, silenciei e busquei as respostas dentro de mim, sem a necessidade constante de sair pelo mundo em busca do que já estava aqui dentro.

Mergulhei fundo no autoconhecimento, fiz vários cursos, li livros e finalmente entendi que quem precisava mudar era eu, e não o mundo ao meu redor.

Todas as respostas já estavam dentro de mim, só precisei fazer as perguntas certas. Quando eu me perguntei como eu posso ser eu com o que eu tenho agora, consegui de fato encontrar o que eu tanto buscava.

Sabe qual foi o meu maior aprendizado nisso tudo? Eu aprendi a amar a vida que eu tenho enquanto construo a vida dos meus sonhos. E, como diz Hal Elrod, "não pense que precisa esperar pela segunda para ter a primeira".

E foi aí que tudo começou a mudar para mim. A mudança foi tão grande que passei a enxergar o mundo de uma forma totalmente diferente. E eu queria compartilhar esse conhecimento com o maior número de pessoas possível.

Pensando nisso, eu criei um plano de fuga para quem quer fugir do jeito certo, o meu treinamento Viagem do Ser. Nele, eu ajudo pessoas a realizarem a viagem mais importante de suas vidas: a viagem para dentro de si mesmas.

O meu maior aprendizado é que muitas vezes tentamos preencher o vazio de não ser quem nascemos para ser com viagens, dinheiro, poder, bens materiais, relacionamentos etc.

O que tem preenchido o vazio de não ser você?

Saiba que muito antes de ser concebido por seus pais, você foi concebido na mente de Deus.

Você foi feito por Deus e para Deus. Somente em Deus descobrimos nossa verdadeira identidade.

VAMOS FUGIR

Você não é um acidente. Sua vida não é um acaso da natureza.

Nada na sua vida é casual, tudo foi feito em função de um propósito.

E, enquanto não vivemos o nosso propósito, estamos dando viagem perdida na vida.

Eu acredito que todos nós nascemos com um propósito principal e um propósito complementar.

O seu propósito principal é glorificar a Deus, pois todas as coisas começam em Deus e n'Ele encontram seu propósito.

O seu propósito complementar é ser quem Ele fez você para ser, usando seus dons e talentos, expressando assim essa pessoa única que você é no mundo, seja no trabalho, na família, com os amigos, em tudo o que você faz.

O segredo de uma vida plena de sentido e feliz é unir o propósito principal com o complementar.

E, mesmo que você ainda não esteja vivendo isso hoje, a boa notícia é que você sempre pode redirecionar sua vida, tomando novas decisões e atitudes que o levarão a ser quem você nasceu para ser e, assim, continuar seguindo viagem pela vida, só que agora com muito mais significado.

Labirinto (Mariana Volker)

Não sei mais onde estou
De onde eu vim
Pra onde eu vou
Não sei como fugir
Do labirinto que eu sou
O corpo ocupa o espaço
A mente espaça o corpo
No espaço ocupado
Mente, dente, língua, unha, boca, olho
Preste atenção, meu bem
Retorne ao teu centro
A única saída é pra dentro

COMPARTILHE O BEM

Se você gostou deste livro, se ele mudou sua forma de ver o mundo ou se ele trouxe algo de positivo à sua vida, compartilhe isso com o mundo!

Sou imensamente grata a cada um que acompanha meu trabalho, curte meus vídeos no YouTube ou compartilha meus textos no Instagram.

Conto com sua ajuda por meio das mídias sociais para espalhar essa mensagem positiva de vida e despertar em cada pessoa o melhor que existe dentro delas.

Por isso, se você gostou deste livro, recomende-o para seus amigos, presenteie quem você ama, poste suas frases preferidas no Instagram e me marque @dayanasouza_ para que eu possa conhecê-lo!

Fique à vontade para me mandar um e-mail com a sua dúvida, para me contar a sua história ou me escrever um depoimento sobre como este livro o ajudou, vou adorar conhecer mais sobre você. Basta escrever para contato@seguindoviagem.com.

--✈

Não esqueça de acessar os conteúdos exclusivos:

Continue seguindo viagem comigo:

[QR code] *Podcast*

[QR code] *YouTube*

[QR code] *Instagram*

SOBRE A AUTORA

Dayana Souza é treinadora de inteligência emocional e autora dos livros *A mudança é você* e *Mulheres extraordinárias*.

Colecionadora de experiências, ama natureza, esportes e novas aventuras pelo mundo.

Criadora do *blog Seguindo Viagem*, já viajou para mais de 40 países e compartilha as lições aprendidas nas viagens em seus cursos e treinamentos.